Schule des Flamencotanzes

ADELA RABIEN

Schule des Flamencotanzes

Ein Arbeitsbuch

FLORIAN NOETZEL VERLAG
HEINRICHSHOFEN BÜCHER · WILHELMSHAVEN

Die Deutsche Bibliothek – CIP-Einheitsaufnahme

Rabien, Adela:
Schule des Flamencotanzes : ein Arbeitsbuch /
Adela Rabien. (Fotos: Klaus Rabien) . – Wilhelmshaven:
Noetzel, Heinrichshofen-Bücher, 4. Aufl. 2002
ISBN 3-7959-0630-X

Fotos: Klaus Rabien

©
Copyright 1999
by Florian Noetzel Verlag
»Heinrichshofen-Bücher« · Wilhelmshaven
Alle Rechte, auch das der fotomechanischen Wiedergabe
(einschließlich Fotokopie), vorbehalten
All rights reserved
Printed in Germany
ISBN 3-7959-0630-X

Inhaltsverzeichnis

Vorwort	7
An den Flamencofreund	9
Zu den Skizzen	13

1. Teil

Körperübungen und Stilelemente	15
Handdrehungen	16
Handbewegungen für Männer	23
Zwischenübungen mit den Schulterblättern	27
Die Arme	27
Arm- und Hände-Kombination	33
Übungen für den Kopf	34
Übungen für die Schulter	37
Übungen für den Brustkorb	40
Die »Schraube« (La Faraona)	43
Oberkörperkombinationen mit Arm	45
Die Hüften	49
Oberschenkel	54

2. Teil

Fußtechnik	63
Die Technik des Hebens	66
Allgemeines zur Notenumschrift der Fußtechnik	68
Einfache Schläge mit der ganzen Sohle	69
Doppelte Schläge mit der ganzen Sohle	70
Gleichlaufender Dreierschlag mit der ganzen Sohle	71
Wechselnder Dreierschlag mit der ganzen Sohle	72
Redobles	73
Standbein – Hacken (Tacón)	73
Dreier mit Standbein-Hacken	74
Der getupfte Hacken (Tacón)	76
Ganze-Sohle-Dreier mit getupftem Hacken	77
Der Ballen (Planta)	78
Planta – Tacón – Tacón (Planta-Dreier)	80
Planta – Tacón – Tacón – Tacón (Planta-Vierer)	81
Punta – Die Spitze	82
Planta-Sechser: Planta – Tacón – Tacón – Tacón – Punta – Tacón	85

3. Teil

Palmas (Händeklatschen)	89
Palmas sordas	89
Palmas claras	90
Rhythmik der Palmas	91
Buleríaschritt mit Palmas	92

4. Teil

Übungen für den Rock	97
Das Greifen des Rockes	97
Rock heben mit Knie	100
Rock heben mit Unterschenkel	101
Das »Krabbeln«	101
Positionen für den Rock	102
Bewegungen mit dem Rock	104
Das Wechseln des Rockes von einer zur anderen Hand	106

Anhang

Tanznoten-Übersicht	108
Zusammenfassung der Fußübungen	109
Über die Autorin	115

Vorwort

Jeder, der sich mit »Spanischem Tanz« befaßt, muß drei Hauptkategorien unterscheiden:

1) *»Clásico español«*. Spanisches Ballett italienischer Prägung. Wird mit Spitzenschuhen oder Schläppchen getanzt. Dazu ist eine klassische Ausbildung erforderlich, hinzu kommt die virtuose Handhabung der Kastagnetten. Reinste Ausbildung dieser Art ist die »Escuela bolera«. Musik: Orchester.

2) *Spanische Volkstänze*, die von der heimischen, ortsansässigen Bevölkerung getanzt und in den letzten Jahren durch die Bewegung »coros y danzas« wiederbelebt wurden. Die Tänze, paarweise oder in Gruppen, entsprechen unseren Vorstellungen von Folklore, die auf der gesamten Halbinsel mit großer Vielfalt vorkommt. Bis auf einige Tänze Südwest-Andalusiens (z. B. Sevillanas und Fandangos), die mehr oder weniger stark vom Flamenco beeinflußt sind, wird die Folklore mit etwa wadenlangen Röcken und Schürze getanzt, in Bastschuhen, Schläppchen oder auch Schuhen mit Absatz. Kastagnettenbegleitung ist häufig. Musik mit Orchester, auch mit speziellen Instrumenten, dazu Chor- und Einzelgesang.

3) *Flamenco*. Andalusische »Subkultur« der nicht etablierten Schichten, etwa vergleichbar mit dem Jazz, die erst in der zweiten Hälfte des 19. Jahrhunderts ins Licht der Öffentlichkeit rückte. Auch heute noch ist die Kluft zwischen den etablierten Schichten und den »Flamencos« viel größer, als man annimmt.
Flamencogesänge sind immer Sologesänge, Flamencotänze immer Solotänze. Es gibt keine raumgreifenden Schritte oder Sprünge, da Flamenco früher hinter verschlossenen Türen auf kleinstem Raum stattfand. Dafür kommt den Bewegungen des Oberkörpers, der Arme und Hände überragende Bedeutung zu. Kastagnetten sind verpönt, weil sie das Spiel der Hände und Finger beeinträchtigen. Wo Flamenco doch mit Kastagnetten vermischt wird, sind es Konzessionen an den Publikumsgeschmack. Die Perkussion der Füße – Schuhe mit Absatz – wird wie ein Musikinstrument eingesetzt. Ebenso das Händeklatschen und manchmal auch das Fingerschnalzen. Begleitendes, stützendes, inspirierendes Instrument dazu ist die Gitarre, wenn ihr auch keine führende Funktion zukommt.

Mischformen dieser drei Kategorien des Spanischen Tanzes trifft man häufig an.

Dieses Buch wendet sich ausschließlich der Kunst des Flamenco zu. Deshalb wird man hier noch keine Einführung ins Kastagnettenspiel finden, wohl aber sind Handbewegungen gründlich behandelt. Es werden keine klassisch-spanischen Drehungen beschrieben (*vueltas quebradas*), aber es gibt viele Übungen für die rechte Haltung und die Bewegungen des Oberkörpers.

Dieses Buch legt einen Grund, um weiter darauf aufzubauen. Es vermittelt eine anatomisch korrekte Technik für Körper- und Fußarbeit und führt gleichzeitig in die von mir entwickelte Notation für Flamencoschritte ein. Dadurch besteht die Möglichkeit, sich Tänze zu erarbeiten, die wir nacheinander herausgeben wollen in Verbindung mit der Gitarrenmusik (Noten bzw. Tabulaturen) und Kassetten.

Der erste Teil, »Körperübungen«, ergibt, wenn man die einzelnen Übungen beherrscht, 20 – 30 Minuten, die gleichzeitig als Aufwärmtraining dienen.

Der zweite Teil, »Fußarbeit«, ergibt ebenfalls etwa 20 - 30 Minuten Training.

Der dritte Teil, »Palmas« (= Händeklatschen), bezieht sich gezielt auf das Klatschen im Tanz selbst, nicht auf das virtuose Klatschen der Begleitenden.

Der vierte Teil, »Übungen für den Rock«, wird erst interessant, wenn alles Vorhergehende stimmt und man anfängt, mit den Originalröcken zu arbeiten.

Wo der Stil der Männer von dem der Frauen abweicht, ist dies besonders vermerkt. Im übrigen ist es kein Schade, wenn alle alles machen und sich damit ihres Körpers »auf Flamencoart« bewußt werden.

Lieber Flamencofreund!

Ein Buch kann nie den lebendigen Unterricht ersetzen!

Aber es kann versuchen, die Richtung aufzuzeigen, es kann den Unterricht begleiten, es kann Gedächtnisstütze sein und, bei genügender Geduld, auch dem Autodidakten weiterhelfen.

Im Flamenco ist noch nichts kodifiziert. Hier wird meines Wissens zum ersten Mal der Versuch unternommen, eine Flamencotanzschule zu schreiben, bei der nicht nur alle Körperpartien für den Flamenco durchgearbeitet werden, sondern anschließend auch – aufbauend auf dieses Grundwissen – komplette Tänze erarbeitet werden können. »*Cada maestrillo tiene su librillo*« – jeder Lehrer hat sein »Büchlein«, d. h. seine eigene Methode, nach der er lehrt. Die meine ist in nunmehr 27 Jahren Flamencotanzen und 14 Jahren Unterrichtstätigkeit entstanden.

Ich hoffe, Du weißt, auf was Du Dich einläßt, wenn Du mit dem Flamencotanz beginnst. Ich will es kurz erklären.

Es gibt zwei Möglichkeiten:

Entweder Du erschrickst vor dem ungeheuren Ausmaß an Arbeit, das auf Dich zukommt, und hörst ganz schnell auf damit.

Oder es »packt« Dich – und dann wirst Du Dein Leben lang süchtig bleiben nach dem Flamenco.

Nichts im Flamenco ist einfach. Aus uralten Traditionen gespeist, mit altiberischen, phönizischen, maurischen, indischen und zigeunerischen Einflüssen zählen allein schon die Rhythmen zu den kompliziertesten der westlichen Welt. Ein Trost: Wir als Tänzer können uns immerhin auf die Rhythmen beschränken und müssen nicht auch noch in der ungeheuerlichen Vielfalt der Melodik aufs beste bewandert sein wie die »aficionados«, die »Eingeweihten« des Gesangs.

Die Technik des Flamencotanzes ist auf ihre Art ebenso schwierig wie die des Balletts, sie bedarf täglicher Übung, um Kraft, Geschwindigkeit und differenzierte Musikalität zu erreichen. Der Vorteil ist, daß unser Körper so bleiben darf, wie er von Gott erschaffen wurde, und keine Bänder und Sehnen gezerrt und überdehnt werden müssen. So kann man Flamencotanz durchaus noch als Erwachsener lernen. Voraussetzung ist allerdings ein gutes Gehör und rhythmisches Empfinden. Neben aller Technik sollte der Tänzer ein hohes Maß an Ausdruckskraft erreichen. Man lese hierzu Federico García Lorca: *Über den Duende.*

Was einem älteren Flamencotänzer an Kondition fehlt, vermag er durch Persönlichkeit, Reife und Ausstrahlung mehr als zu kompensieren, vor allem im kleinen Freundeskreis zu vorgerückter Stunde.

Es reicht aber nun nicht, sich hinzustellen und »etwas zu empfinden«! Diese Empfindung muß sich ausdrücken können, muß den anderen vermittelt werden, damit sie mit-empfinden können. (Man drücke mal in einer fremden Sprache seine innersten Gefühle aus, wenn man dieser Sprache nicht mächtig ist!) Nötig ist ein umfangreiches technisches Fundament, und es ist günstig, auch die Struktur für die einzelnen Tanzsätze zu haben, die man natürlich ebenfalls in Aufbau und Reihenfolge kennen muß.

Auf der Bühne wird ohnehin kaum improvisiert, vor allem, wenn die Tänze choreographisch festgelegt sind. Auch sonst ist die Improvisation fast immer eine »gebundene«, d. h. die Kommode mit den Schubladen ist da, aber die »Schubladen« können verschieden gefüllt werden. (Wobei man freilich nicht die Seife zu den Schuhen legen sollte). Um diese geeigneten »Füllungen« parat zu haben, ist viel, viel Arbeit nötig. Ein falscher Schritt im Flamenco ist fast immer gar zu deutlich zu hören, und aus dem Takt zu fallen gilt als Todsünde.

Da in einer so alten und traditionsreichen Tanzkunst auch der Stil eine überragende Rolle spielt, werden im »*Körperexercise*« (1. Teil) die Grundhaltungen und Grundbewegungen geübt, die z.T. für den Flamencotanz allgemein, z. T. für die verschiedenen Stilrichtungen typisch sind.

Die »*Fußtechnik*« (2. Teil) bietet die ersten Basisschritte, sozusagen die »Atome«, die dann zu immer größeren »Molekülen« zusammengebaut werden können.

Die Einführung in die Fußtechnik beinhaltet auch die Einführung in meine Notenschrift für die Fußperkussion, sodaß später auch vollständige Tänze erarbeitet werden können.

Du merkst also, wie meine Antwort auf den Anruf eines Neulings ausgesehen haben wird: »Mein Vater hat nächste Woche Geburtstag, da wollte ich einen Flamencotanz aufführen...«

Fasse Dich in Geduld! Was in Jahrhunderten gewachsen ist, lernt sich nicht in drei Wochen, Du hast auch in drei Jahren nicht ausgelernt... Und Aufführungen sind nichts weiter als die Schaumkämme auf einem Meer von Arbeit!

Wenn Dich dieses Meer von Arbeit zwar erschreckt, aber nicht abschreckt, wird die zweite Möglichkeit eintreten: Du wirst süchtig nach dem Flamenco werden, und zwar im positivsten Sinne. Wenn Du erst einmal entdeckt hast, welche Ausdrucksmöglichkeiten ganz persönlicher Empfindungen sich für Dich auftun, wie unglaublich spannend der ständige Antagonismus ist zwischen persönlichem Ausdruck und Tradition, zwischen Rhythmus und Gegenrhythmus, zwischen dem hämmernden Stakkato der Füße und dem kraftvollen Legato der Arme, zwischen dem himmelwärts strebenden Oberkörper und den in die Erde stampfenden Füßen, zwischen äußerster, bis zur Ekstase führender Konzentration des Tänzers und der den Rhythmus mit-klatschenden, mit-erlebenden Gemeinschaft, dann wird Dich das »Abenteuer Flamenco« nicht mehr loslassen. Es wird Opfer von Dir fordern, und es wird Dich unglaublich bereichern.

Ich habe Dich gewarnt!

Und nun wollen wir ganz bescheiden das Haus mit dem Keller beginnen und mit unseren Basisübungen für die Technik anfangen. Denn ohne Technik geht es nicht! Und wir müssen diese Technik so beherrschen, daß sie nicht das dominierende Element bleibt, sondern zur Dienerin unserer Kunst wird, zum leicht zu handhabenden Werkzeug, mit dem wir das, was wir empfinden, rhythmisch und stilistisch exakt ausdrücken können.

Zu den Skizzen

Es wurde bewußt auf eine zeichnerische Ausführung verzichtet, da das Wesentliche meist mit »Strichmännchen« deutlicher zu erkennen ist. Wo es nötig schien, wurde anatomisch gezeichnet. Alles für die Übung Unnötige wurde weggelassen.

Ein Kreis symbolisiert den Kopf, der Strich darin die Nase. Der Nasenstrich gibt gleichzeitig die Stellung des Kopfes an.

⊙   Kopf von vorn

⊖ ⊖   Kopf im Halbprofil links / rechts

⊖ ⊖   Kopf im Profil

◌ ◌   Kopf im Halbprofil gesenkt

◌   Kopf von hinten. Der kleine Kreis symbolisiert den Nackenknoten der Tänzerin.

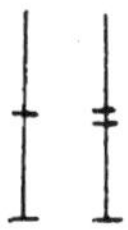

│ │
┼ ╪   Ein Querstrich durch ein von vorn oder von hinten
│ │   gesehenes »Bein« bedeutet leichte Kniebeugung, zwei
      Querstriche eine etwas stärkere Kniebeugung.

- - - →   ein durchbrochener Pfeil zeigt die Bewegung an, die ausgeführt werden soll,

⎯⎯→   ein durchgezogener Pfeil zeigt die Bewegung an, die eben ausgeführt worden ist.

1. Teil
KÖRPERÜBUNGEN UND STILELEMENTE

»Tanz, Carmencita, tanz«! sage ich zu einem zweijährigen Mädchen in Córdoba, und es nimmt die kurzen Ärmchen hoch und versucht, mit den kleinen dicken Händchen anmutige Gesten zu vollführen.

Ein deutsches Kind wird bei der gleichen Aufforderung die Arme am Körper herabbaumeln lassen und zu hüpfen anfangen. Und hier haben wir schon einen Hauptunterschied zwischen dem Flamencotanz und allen übrigen europäischen Tänzen: die überaus starke Bedeutung, die im Flamencotanz, wenn er von Frauen ausgeführt wird, den Armen und Händen zukommt. Die Handbewegungen haben jedoch im Flamenco ausschließlich dekorative Bedeutung, sie beinhalten kein »Vokabular« zum Geschichtenerzählen wie in manchen indischen Tänzen.

Wir fangen deshalb an mit den Bewegungen der Hände.

Grundstellung ist hier wie auch bei allen weiteren Übungen: der rechte Fuß steht vor dem linken in einem Winkel von 60°, die Haltung ist gerade, aber nicht verkrampft, der Blick ist geradeaus gerichtet.

Die Arme werden nun nach vorn gehoben. Darauf achten, daß die Ellenbogen nicht herabhängen! Beide Arme sollen ein Oval bilden.

richtig:
die Arme bilden ein Oval

falsch:
die Arme sind durchgedrückt

falsch:
die Ellenbogen bilden spitze Winkel

falsch:
die Ellenbogen hängen herab

Sämtliche Handbewegungen sollen nur aus dem Handgelenk erfolgen. Unterarm und Ellbogen müssen absolut ruhig bleiben. Als Vorbereitung zur Lockerung des Handgelenks kann man die Hände zu Fäusten ballen und die Fäuste nach innen, nach außen und abwechselnd nach innen und außen drehen.

Handdrehungen

I. HANDDREHUNG - kontinuierlich nach außen

1) **Ausgangstellung:** Handflächen zeigen vom Körper weg, die Daumen sind unten, die Fingerspitzen sind einander zugekehrt.

2) Die Hände »klappen« nach außen: (die Daumen sind immer noch unten)

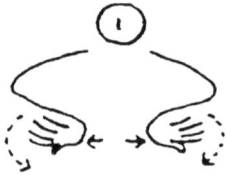

3) Die Hände drehen sich mit den Fingerspitzen einander zu bis die Daumen nach oben zeigen.

4) Wenn die Fingerspitzen einander berühren, werden die Daumen wieder nach unten gedreht, dabei wird der Handteller vom Körper weg gewendet. Die Finger bleiben während dieser Wendung nicht gestreckt, sondern werden locker eingerollt.

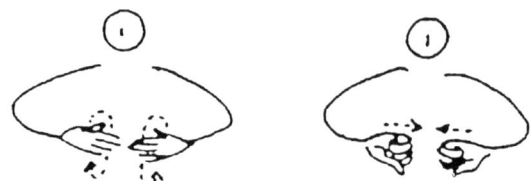

5) Die Finger öffnen sich rollend - etwa wie ein Farnblatt sich entfaltet – und die Ausgangsstellung ist wieder erreicht. Wir führen die Übung aus, in dem wir sagen:

Klappen – drehen – wenden – auf.

Übung mehrfach wiederholen.

II. HANDDREHUNG kontinuierlich nach innen

1) **Ausgangsstellung:** Handflächen nach außen (vom Körper weg), Fingerspitzen zeigen auseinander, Daumen sind oben.

2) Die Hände »klappen« aufeinander zu, die Daumen sind immer noch oben.

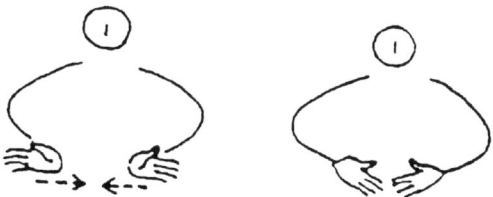

3) Die Fingerspitzen drehen sich über unten auseinander bis die Daumen nach unten zeigen, und die Fingerspitzen so weit wie möglich außen sind.

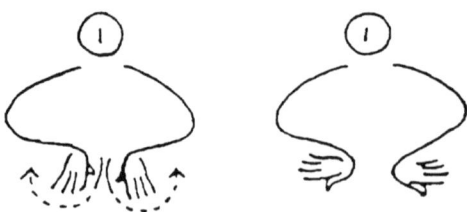

4) Die Handrücken »klappen« nach innen, wobei sich die Finger locker einrollen. Die Daumen sind immer noch unten.

5) Mit den eingerollten Fingern vollführt der Handrücken über oben eine Drehung nach außen, sodaß die Daumen wieder nach oben kommen.

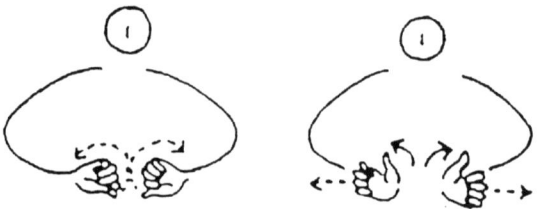

6) Die Finger werden entrollt, die Ausgangsstellung ist wieder erreicht.

Wir vollführen die Bewegung, indem wir sagen:

Klappen – drehen – rollen – wenden – auf – (6 ist Pause)

Übung mehrfach wiederholen.

III. Ein- und Ausdrehen der Hände im Wechsel

1) **Ausgangsstellung:** Die Hände sind (wie bei II, 1) nach außen gedreht

2) Die Hände »klappen« aufeinander zu (wie II, 2)

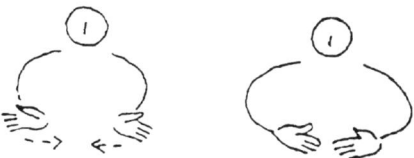

3) Die Fingerspitzen drehen sich voneinander weg (wie II, 3). Die Handrücken zeigen jetzt zueinander, die Daumen sind also unten

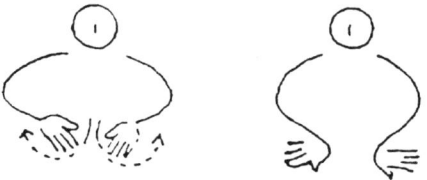

4) Die Handflächen »klappen« nach innen, wobei sich die Finger locker einrollen

5) In dieser Stellung die Finger aufrollen (ergibt die Ausgangsstellung von I, 1)

6) Die Hände »klappen« nach außen (wie I, 2)
(Daumen bleiben unten)

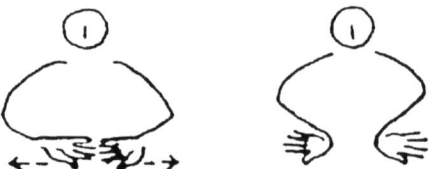

7) Die Fingerspitzen beider Hände drehen sich wieder einander zu (Daumen sind jetzt oben)

8) Handrücken »klappen« nach außen, wobei die Finger locker eingerollt werden.

9) Finger aufrollen. Die Ausgangsposition III, 1 ist erreicht.

Wir vollführen die Übung, indem wir sagen:
   Klappen – drehen – rollen – auf
   Klappen – drehen – rollen – auf.

Dabei ist darauf zu achten: Wenn wir nach innen drehen, muß die Bewegung vollständig ausgeführt werden, bis die Fingerspitzen sich innen berühren, nach außen vollständig, bis die Fingerspitzen wirklich auseinanderzeigen.

Wenn man die einzelnen Bewegungsabläufe beherrscht und miteinander verbindet, sagt man dann:

Drehen »nach innen – bis nach innen nach außen – bis nach außen«.

Wichtig!

Achte strikt darauf, daß die Bewegung nur aus dem Handgelenk vollführt wird, auf keinen Fall darf der Unterarm oder gar der Ellenbogen mitbewegt werden! Du kannst anfangs die Unterarme auf halber Länge an einer Tischkante, Stuhllehne o. ä. abstützen, um Dich zu kontrollieren. Dies ist jedoch nur ein vorübergehendes Hilfsmittel, da die Ellenbogen hierbei nicht an der richtigen Stelle sind, sie hängen zu weit herab.

Du kannst diese Übung auch gut im Bett vor dem Einschlafen machen: Arme in die Luft und nur die Hände kreisen.

Wenn der Bewegungsablauf sicher ist, führen wir jede Übung 8 - 12 x zu Soleares-musik aus.

Wichtig!

Die Handbewegungen dürfen bei einer guten Tänzerin nie hastig wirken! Sie müssen ruhig und fließend sein.

Als rhythmische Aufteilung ist für den Anfang empfohlen:
a) 1 Drehung über 12 Zeiten (= 1 compás Soleares), und später:
b) 2 Drehungen über 12 Zeiten (= 1 compás Soleares), also eine Drehung immer über 6 Zeiten.

Ist der Bewegungsablauf motorisch und rhythmisch sicher, kommt noch die Schönheit hinzu: Die Finger werden nicht gerade nebeneinandergehalten, sondern der Mittelfinger »führt« bei I, 2; II, 2; III, 2; III, 6 – eine »klassische« Haltung der Finger, die wir bei vielen Statuen besonders des Barocks sehen können. Der Daumen soll auch nicht seitlich abgespreizt werden, er wird locker nach vorn gehalten.

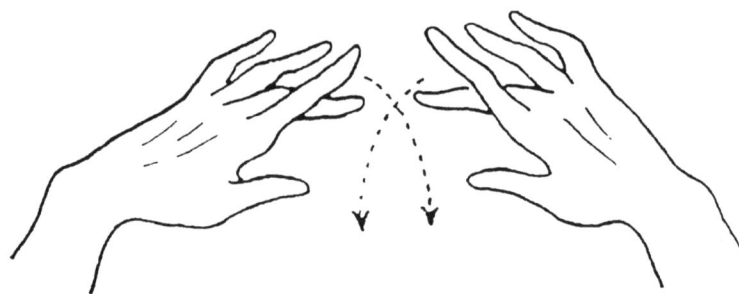

Die Hand darf bei aller Spannung nie verkarmpft wirken, und die Handbewegungen müssen stets fließend weitergehen, auch wenn wir später komplizierte und anstrengende Fußarbeit gleichzeitig ausführen.

HANDBEWEGUNGEN FÜR MÄNNER

Männer benutzen natürlich nicht die Handbewegungen der Frauen. Sie haben es hierin etwas einfacher - dafür aber auch weniger Möglichkeiten. Sie machen beim Handdrehen keinen ganzen Kreis, sondern nur einen knappen Viertelkreis.

I) Vierteldrehung nach außen:

1) Hebe die Arme im Oval nach vorne, leicht über die Schulterhöhe, also etwas höher als bei der Grundstellung angegeben. Auch sind die Hände etwas weiter voneinander entfernt, als dort angegeben. Die Finger sind gestreckt und führen das Oval der Arme fort, die Handflächen zeigen nach unten. Der Daumen soll sich vor der Handfläche befinden.

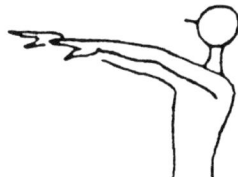

2) Jetzt wenden wir die Handflächen leicht nach außen

3) Die Handrücken neigen sich auseinander, die Finger schließen sich zu einer lockeren Faust.

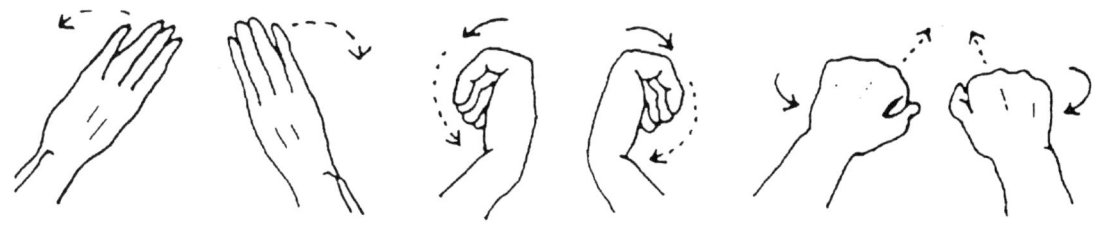

4) Die Handfläche wird sanft wieder nach unten gedreht.
5) Wenn die Handfläche unten ist, werden die Finger energisch gestreckt. Wenn man sich wohlfühlt dabei, kann der kleine Finger etwas abgespreizt werden.

II) Derselbe Bewegungsablauf aus dem Handgelenk kann auch ausgeführt werden, indem der kleine Finger bei der Drehung »führt«:
1) Ausgangsstellung wie I, 1
2) Handflächen nach außen wenden wie I, 2
3) der kleine Finger beginnt als erster, sich der inneren Handwurzel zuzuneigen, um die lockere Faust zu machen, die anderen Finger folgen der Reihe nach:

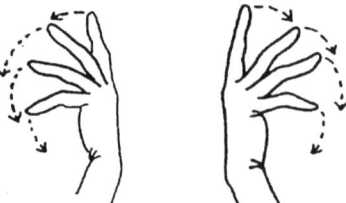

4) die Finger schließen sich zur lockeren Faust
5) die Handfläche wird sanft wieder nach unten gedreht und die Finger entrollt.

III) Vierteldrehung nach innen:

1) Ausgangsstellung wie I,1
2) die Handflächen mit den gestreckten Fingern wenden sich einander zu
3) die Finger klappen nach innen
4) während der Handteller sich nach unten wendet, werden die Finger locker eingerollt
5) wenn der Handteller unten ist, werden die Finger energisch gestreckt. (Finger zusammenlassen!)

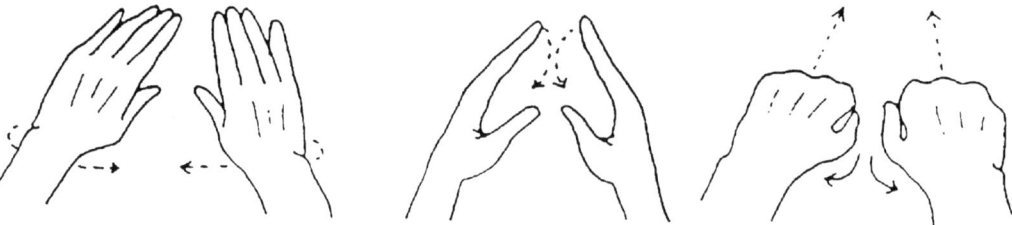

IV) Aus der lockeren Faust können - effekthalber - mal auch nur Zeige- und Mittelfinger gestreckt werden, während die beiden anderen Finger eingerollt bleiben (Picador-Pose).

V) Die Fingerbeeren von Daumen und Mittelfinger werden aneinandergelegt, als wollte man mit den Fingern schnipsen. Häufig wird das dann auch getan, oft aber wird diese Stellung beibehalten ohne Schnipsen, wobei der kleine Finger dann etwas stärker gestreckt wird.

In dieser Position ist vor allem darauf zu achten, daß an den Ellbogen und an den Handgelenken keine Winkel und Ecken entstehen.

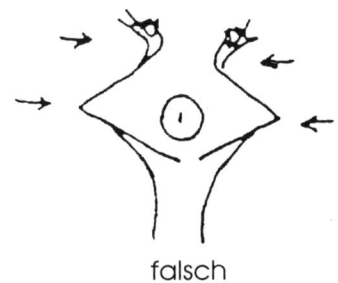

falsch

ZWISCHENÜBUNG
mit den Schulterblättern

Bevor wir mit den Armen beginnen, müssen wir unsere Schulterblätter spüren. Das ist insofern schwierig, da die wenigsten sich bewußt sind, was für Muskeln dort eigentlich sind.

Um die Armbewegungen jedoch kraftvoll und unverkampft »aus dem Zentrum heraus« zu führen, ist das Bewußtwerden dieses Punktes unerläßlich.

Wir stellen uns locker und gerade hin, der rechte Fuß ist im Winkel von etwa 60° vor dem linken, die Arme hängen entspannt herab.

Jetzt ziehen wir den untersten inneren Punkt unserer Schulterblätter nach unten innen, Richtung Wirbelsäule.

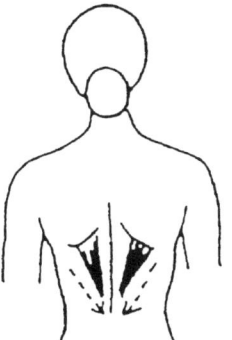 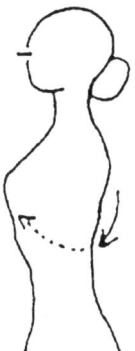

Dabei merken wir, wie sich unsere Schultern straffen, der Brustkorb etwas gehoben und damit auch der Bauch leicht emporgezogen wird, die Rippenbögen stehen leicht vor. Wir ziehen ein paar Mal die Schulterblätter auf diese Weise nach unten, dann bleiben wir in dieser gestrafften Stellung und beginnen mit den Armen.

DIE ARME

Als »indisches Erbe« brachten die Zigeuner (?) die Armhaltung in den Flamencotanz. Das Auffälligste an ihr ist, daß die Ellenbogen sehr hoch gehalten werden, höher als das Handgelenk, was wir in keinem anderen Tanz Europas und auch nicht im orientalischen Tanz des arabischen Raumes finden. Wichtig ist hierbei, daß keinesfalls die Schultern bei dieser Haltung in Mitleidenschaft gezogen werden dürfen, d. h. man darf sie nicht nach vorne kippen oder hochziehen, um die Ellenbogen hochzukriegen. Es entsteht ein (anfangs unangenehmer) Zug und Gegenzug in der Oberkörper-, Oberarmgegend.

1) ARMKREIS ÜBER AUSSEN
mit beiden Armen

a) Ausgangsstellung: Die Arme sind gehoben, die Hände sind über dem Kopf (im Gegensatz z. B. zum klassichen Ballett, wo die Arme stets leicht nach vorne gehalten werden.) Die Arme bilden ein Oval. Der Blick ist geradeausgerichtet.

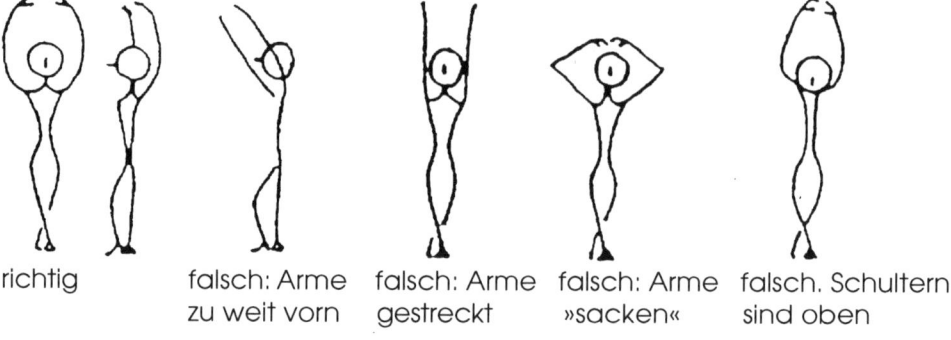

richtig falsch: Arme zu weit vorn falsch: Arme gestreckt falsch: Arme »sacken« falsch. Schultern sind oben

b) Zuerst werden die Fingerspitzen, die sich fast berühren, nach außen gedreht.

c) Die Unterarme werden nach unten gedrückt, wobei sie sich automatisch leicht nach vorne neigen und die Handflächen weiter nach hinten gedrückt werden.
Schultern unten lassen!

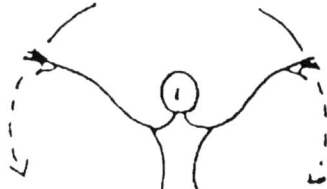

Bizeps spüren!

d) In dieser Stellung anhalten und evt. die Ellenbogen korrigieren, Schultern runterdrücken!

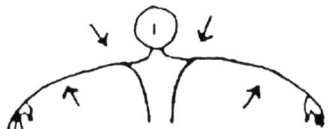

e) Arme wieder hochnehmen, indem (ohne Schultern!!) der Oberarm zuerst hochgezogen wird.

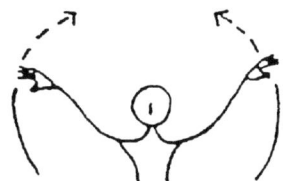 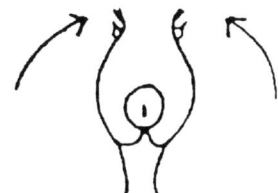

f) Am Ausgangspunkt angekommen, werden die Fingerspitzen wieder einander zugedreht, die Handflächen zeigen nach unten.

 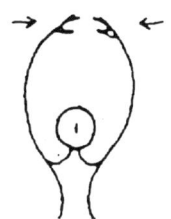

Übung 2–4 x mit Kraft und Anspannen der Brustmuskulatur wiederholen.

g) Sodann führen wir den Armkreis vollständig aus, indem wir wie oben beschrieben die Arme senken, als würden wir mit Kraft in einen großen Wäschehaufen hineingreifen, bis die Handgelenke am tiefsten Punkt übereinanderkommen.

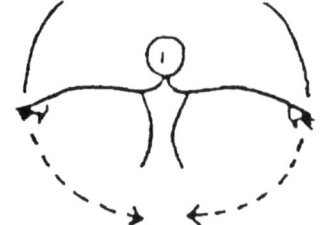 

h) Von hier aus werden nah am Körper wieder zuerst die Oberarme hochgezogen, so, als zögen wir etwas Schweres, Zähes nach oben (z. B. einen Packen verfilzter Perlonstrümpfe), die Hände bleiben weitmöglichst unten. Achtung auf die Schultern! Die müssen unten bleiben.

Armkreis bis zur Ausgangsstellung fertigmachen.

2) Armkreis über aussen
mit einem Arm

Wir vollführen die gleiche Armbewegung nur mit dem rechten Arm, der linke bleibt in der Ausgangsstellung. Achte darauf, daß der linke nicht das »Sacken« bekommt! Der Kopf wird etwas zu der sich öffnenden Seite hin gedreht, abrupt und in dem Augenblick, wo der Armkreis beginnt; der Blick ist leicht gesenkt.

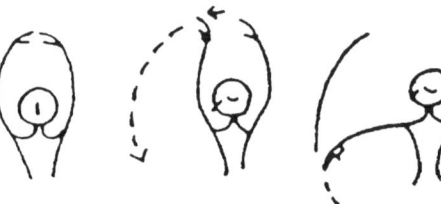

Sobald der Arm in der Aufwärtsbewegung ist, gehen Kopf und Blick unmerklich in ihre Ausgangsstellung zurück. (= geradeaus)

    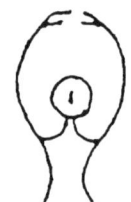

3) Dasselbe mit dem linken Arm

Übungen 1 g–3 wiederholen

Musik: Den Armkreis mit beiden Armen über 2 compás Soleares, mit einem Arm jeweils über 1 compás.

4) ARMKREIS MIT BEIDEN ARMEN
über innen

a) Ausgangsstellung wie 1 a
b) nun neigen sich beide Hände mit Unterarmen einander zu, bis die Handgelenke übereinanderliegen, Fingerspitzen zeigen nach unten.

c) Die Unterarme werden nach unten gedrückt; die Ellenbogen bleiben oben! »Eintauchen«:
d) Am tiefsten Punkt angekommen, die Handflächen nach oben drehen und mit Kraft im Bizeps die Arme nach außen ziehen und zusammendrücken. (Handstellung nicht verändern!) Schultern unten lassen.

  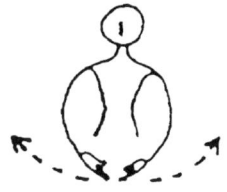

Übung d) einige Male wiederholen

  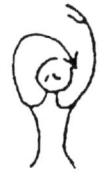    

e) Den Armkreis über außen bis zum Ausgangspunkt beenden.

5) Den Armkreis in der oben beschriebenen Weise (außer 4 d) nur mit dem rechten Arm ausführen, Achte darauf, daß der linke Arm nicht sackt. Der Kopf dreht sich etwas zur rechten Seite, der Blick ist leicht gesenkt. Wenn der Arm die Ausgangsposition erreicht hat, dreht sich der Kopf wieder nach vorn und Du blickst wieder geradeaus.

6) Die Übung 5 wird mit dem linken Arm in der gleichen Weise wiederholt.

WICHTIG!

Wenn du die Arme über außen hebst und hast das Gefühl, es ist da eine Stelle, (wenn die Arme etwa in Schulterhöhe sind) wo es einen »Knick« gibt, so liegt das daran, daß die Ellenbogen hinter die Schulterlinie geraten sind.

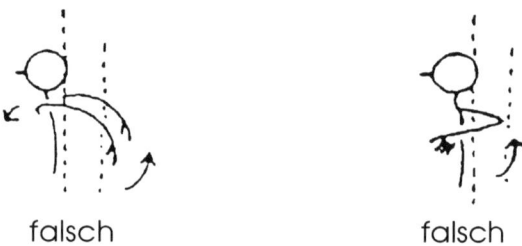

falsch   falsch

Was Du dagegen tun kannst: Ziehe die Schulterblätter ganz fest nach unten innen zusammen,

so kommen Deine Schultern weiter zurück. Hebe dann die Arme leicht gerundet nach oben und bleibe immer vor der Schulterlinie. Mit einem Mal geht alles ganz leicht – außer daß Du natürlich Kraft für den Rücken brauchst!

Arm- und Hände-Kombination

Im fortgeschrittenen Stadium, wenn die Hand- und die Armbewegungen einzeln sicher beherrscht werden, werden die Hände und die Arme kombiniert.
Mache jeweils einen Kreis, von oben beginnend, mit beiden Armen über außen, dann mit dem rechten Arm, dann mit dem linken Arm. Dieselbe Kombination anschließend über innen.

A) Bei den Kreisen über außen hat sich folgende Aufteilung für die Handdrehungen bewährt:

| 1 x über innen beim Öffnen | 1 x über außen beim Weg über außen | 1 x über innen beim »Treffen« | 1 x über außen beim Hochziehen |

Achtung!

1) Mache mit den Armen jetzt keinen »Sekundensprung« wie der Sekundenzeiger der Uhr, indem Du plötzlich mit jeder Handdrehung einen Ruck vorwärtskommst. Der Arm muß ganz weich und gleichmäßig weiterlaufen, während die Hand nur aus dem Handgelenk kreist.

2) Wickle beim Hochziehen nicht die Hände bzw. die Unterarme wie einen Muff umeinander. Die Stellung der Unterarme und Handgelenke zueinander bleibt unverändert, nur die Hände kreisen aus dem Handgelenk.

3) Wenn nur ein Arm kreist, macht die obengebliebene Hand dieselben Bewegungen. Laß diese Hand nicht absterben, man sieht sie mehr als die andere.

B) Die Armkombination mit nur auswärts drehenden Händen
C) Die Armkombination mit nur einwärts drehenden Händen
D) Wenn die Übungen A – C einwandfrei beherrscht werden, kann man beliebig kombinieren.

Übungen für den Kopf

Es ist eine verbreitete, aber falsche Annahme, der Stolz der Spanier ließe sich mit einem Hohlkreuz ausdrücken. Macht ein Mensch in dieser Haltung einen besonders stolzen Eindruck? Doch wohl nicht.

Probiere hingegen folgendes aus:

a) Sage mit einem ganz weichen, völlig entspannten Nacken: »Du Mistkerl, verdammter, soll dich doch gleich...« Und die Worte werden den Anschein von Liebkosungen bekommen.

b) Ziehe den Nacken kräftig in die Höhe, als würde Dir jemand hinter den Ohren den Kopf packen und hochziehen und sage aus dieser gespannten Stellung heraus: »Mein Schatz, mein Liebling, für dich tue ich alles...«, so steht von der Geste her unmißverständlich der (unausgesprochene) Nachsatz: »...aber ich bin ich, und wer es nicht glaubt, bekommt es mit mir zu tun!«

Die Arroganz liegt also im Hals, genauer gesagt, im Nacken, denn der Vorderhals muß immer entspannt bleiben, und es dürfen nicht die Sehnen unschön hervortreten, die den Eindruck nicht von Spannung, sondern von Verbissenheit geben. Um uns unserer Nackenmuskulatur bewußt zu werden, machen wir folgende Übungen:

Ausgangsstellung: Füße rechts vor links, Hände sind in der Schenkelbeuge eingestützt - (nicht auf den Hüftknochen) – die Schulterblätter sind herabgezogen.

1) a) Schiebe jetzt den Kopf waagerecht vor

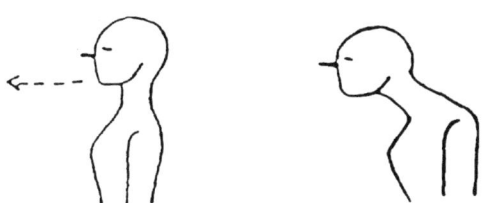

b) Ziehe ihn wieder so weit wie möglich zurück, aber mache kein Doppelkinn!

falsch

Übung langsam mehrfach wiederholen.

2) a) Drehe den Kopf stark ins Profil, so stark, daß die Nase mit den Schultern eine Linie bildet.

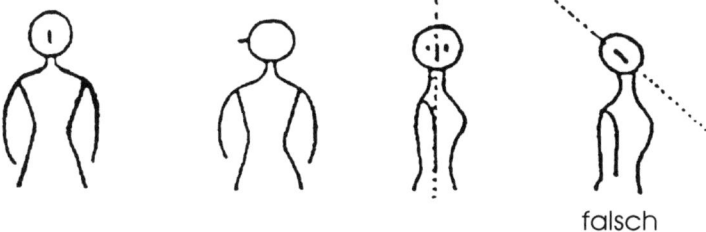

falsch

b) Schiebe in dieser Stellung den Kopf vor.

c) Ziehe den Kopf wieder zurück, bis der Nacken gerade ist

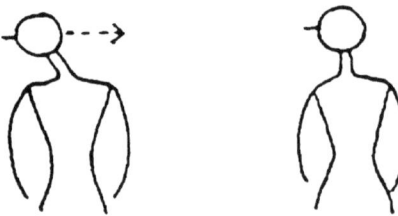

d) und drehe den Kopf auf diesem ganz geraden Nacken nach vorne.

Wiederholen zur anderen Seite.

Unerläßlich zum Ausdruck des Temperamentes sind die sehr starken, abrupten Kopfbewegungen im Flamenco. Selbst wenn sich bei längeren Passagen mit Fußarbeit im Körper selbst »eigentlich wenig« tut, so ist doch durch das sehr rhythmische Hin- und Herwerfen des Kopfes die Verbindung von »unten« nach »oben« hergestellt.

Übung: Zähle in der Ausgangsposition langsam:

1 und 2 und 3 und 4 und –, bei »und« wird der Kopf scharf ins Profil gedreht, beim nächsten »1« ist die Pose bereits fertig. Der Kopf bleibt die nächsten 4 Zeiten im Profil und wird bei »und« wieder nach vorn gedreht. Ebenso zur anderen Seite.

Vorsicht! Wenn Du Schwierigkeiten im Halswirbelbereich hast, solltest Du diese Übung nicht machen.

3) a) wie 2a, den Kopf mit sehr geradem Hals ins Profil drehen.
b) drücke das Kin aus dieser Stellung noch etwas mehr nach hinten
c) richte den Kopf wieder ganz senkrecht und drehe ihn nach vorn.
Ebenso zur anderen Seite.

falsch

ÜBUNGEN FÜR DIE SCHULTERN

Im Flamenco kann unser Körper so bleiben, wie er von Natur aus ist. Unsere Sehnen und Bänder brauchen nicht gezerrt, gedehnt, gestreckt zu werden, unsere Hüft- und Fußgelenke nicht in zartem Kindesalter deformiert zu werden.

Andererseits sind gerade in unseren Breiten die Menschen durch viel Schreibarbeit u. ä. im Schulterbereich sehr krumm gezogen, und dem müssen wir entgegenarbeiten. Hierbei muß man viel Geduld haben, darf nicht rupfen und nicht reißen und vor allem nicht in kaltem Zustand ruckartige und zerrende Bewegungen machen.

Ausgangsposition:

der rechte Fuß ist vor dem linken im Winkel von 60°. Wir stehen gerade, der Blick ist geradeaus gerichtet, die Arme hängen locker herab.

A 1) Schultern rollen   a) beide nach vorne
                                b) beide nach hinten
                                c) eine Schulter nach vorne
                                d) eine Schulter nach hinten
                                e) die andere Schulter nach vorne
                                f) die andere Schulter nach hinten

2) Schultern ziehen   a) nach vorne
                             b) nach hinten
3) Schultern nach oben ziehen und ...

4) Schultern mit Kraft! nach unten ziehen, Schulterblätter ebenfalls runter ziehen, den Kopf weit hinausziehen und »Luft unter den Ohren spüren«. Einen langen, langen Hals machen. Dabei aber nicht das Kinn in die Luft recken.

 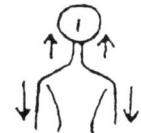 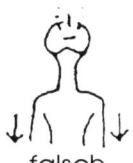
falsch

B 1) Ellenbogen in Schulterhöhe heben, die Fingerspitzen beider Hände berühren sich. Ellenbogen mit Kraft gleichmäßig nach hinten ziehen. Nicht rupfen!! Der Hals bleibt gerade. Man muß das Gefühl haben, die Schulterblätter würden auf dem Rücken übereinander geschoben. Auf keinen Fall die Schultern vorkippen lassen.

falsch
Schultern
kippen vor

falsch
Ellbogen
»sacken«

Übung 4 x wiederholen

2) Die Ellenbogen bleiben in Schulterhöhe, die Hände sind vorn an den Schultern, die Handflächen zeigen nach vorne, die Daumen sind oben.

Ebenfalls Ellenbogen in Schulterhöhe nach hinten ziehen.

4 x wiederholen.

3) Arme seitlich in Schulterhöhe ausstrecken, Handflächen nach oben. Nach hinten ziehen.

4 x wiederholen.

Die gesamte Übung B wiederholen: 4 x mit den Fingerspitzen zusammen, 4 x mit den Handflächen nach außen, 4 x mit den gestreckten Armen.

falsch

C Arme seitlich gestreckt lassen.
Ellbogen hochziehen und sinken lassen

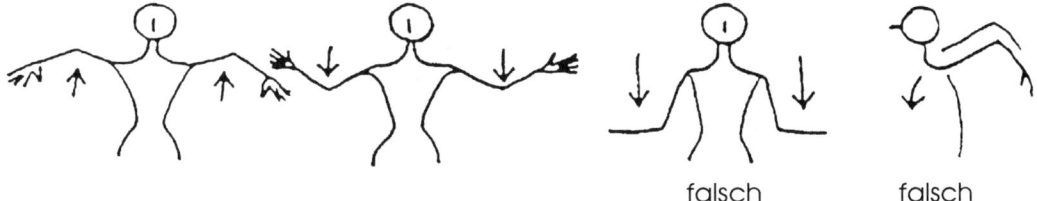

falsch   falsch

Achtung! Nicht die Schultern nach vorne kippen.

D. Bei der »großen Wellenbewegung« werden die unter C. mit beiden Armen gleichzeitig ausgeführten Bewegungen von den Armen abwechselnd ausgeführt, d. h. der eine Ellbogen geht hoch, während der andere nach unten zieht. Dadurch entsteht eine Bewegung, als ließe man sich bei Seegang mit ausgebreiteten Armen auf dem Meer schaukeln, auch der Brustkorb wird in diese Bewegung miteinbezogen.

Der Ausgangspunkt der Bewegung sind nicht die Arme selbst (die würden alleine nur herumrudern), sondern die Muskeln unter dem linken bzw. rechten Schulterblatt. Die Bewegung, in die sie den Oberkörper versetzen, wird an die Arme weitergegeben, so entsteht die durchgängig fließende Bewegung.

8–16 mal abwechselnd mit großer Kraft ausführen.

E. a) Wie bei einem Hampelmann werden von den seitlich in Schulterhöhe gehaltenen Armen die Unterarme ein- und ausgeklappt:

b) und ebenso vertikal:

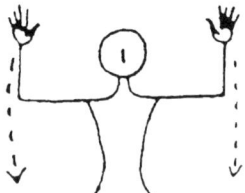 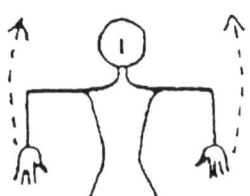

Achtung! Schulterblätter hinten runterziehen!

ZUR ENTSPANNUNG: Hände hinter dem Rücken fassen und vorbeugen, dann Hände loslassen.

Arme nach vorn fallen lassen, alles baumeln lassen, Hals locker lassen, Arme, Kopf, Oberkörper, dabei gut ausatmen. Dann langsam hochkommen, Arme mit hochnehmen, tief einatmen und Arme sinken lassen.

Dann haben wir Kraft für die nächsten Übungen.

ÜBUNGEN FÜR DEN BRUSTKORB

»Brustkasten« ist ein häßliches, weil völlig unzutreffendes Wort. Es erweckt den Eindruck eines harten, unveränderlichen, viereckigen Gegenstandes. Das Wort »Brustkorb« ist viel besser: Man denkt z. B. an einen geflochtenen Weidenkorb. Wenn man ihn drückt, verändert er leicht seine Form.

Vielen sind die Bewegungsmöglichkeiten des Brustkorbes gar nicht bewußt. Nun gut, es sind Minimalbewegungen, aber gerade die sind für den Ausdruck des Tanzes so überaus wichtig. Wer jemals ein halbes Hähnchen gegessen hat, der wird die dünne Muskelfaserschicht zwischen den Rippen bemerkt haben. Und diese kleinen Muskeln gilt es, zu aktivieren. Versuche, diese Übungen deutlich und präzise zu machen, versuche aber nicht, sie in der Größe zu übertreiben – es sind verhältnismäßig kleine Bewegungen.

A) Der rechte Arm wird gehoben. Der Arm zieht ganz senkrecht nach oben, als wollten wir eine Frucht pflücken. Die Schulter bleibt aber unten! Die Rippen auf der rechten Seite »fächern« sich richtig auseinander. Verstärkt wird dieses Gefühl, wenn man auf der linken Seite unter dem Schulterblatt eindrückt, bis man fast einen kleinen Krampf bekommt – dann ist's richtig!

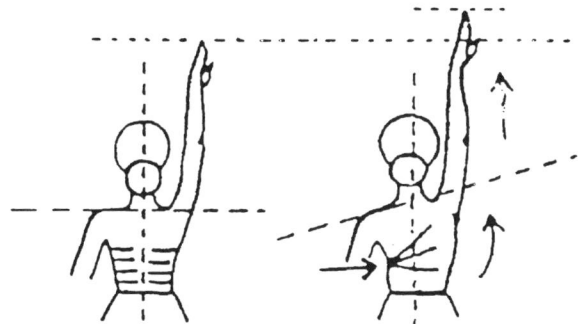

Achtung! Du mußt das Gefühl bekommen, daß Du fast abhebst vom Boden. »Falle« auf keinen Fall auf der linken Seite herunter – das bedeutet nämlich, daß Du mit der Taille und nicht mit dem Brustkorb arbeitest. Was natürlich viel einfacher ist - es bringt nur nichts!

falsch   falsch   falsch

Du machst Dich damit etliche Zentimeter kleiner statt größer. Laß die Wirbelsäule und den Hals ganz gerade! Es ist typisch für den Flamenco, daß sich alles um das vertikale Zentrum dreht.

Abwechselnd auf der linken und der rechten Seite wiederholen.

B) Du hebst den einen Arm und ziehst die Rippen auseinander, wie unter A) beschrieben. Sodann drehst Du den Arm im Schultergelenk nach hinten, so daß der Ellbogen nach außen gezogen wird. – Soweit es eben geht.

Versuche auf keinen Fall, die Bewegung zu vergrößern, indem Du den Unterarm nach hinten wegschlappen läßt. Die Hände müssen in ihrer Position über dem Kopf bleiben.

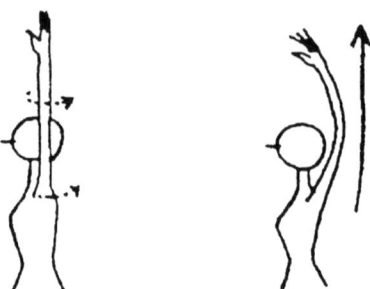

Achtung! Schiebe nicht den Nacken und Kopf mit einem gequälten Ausdruck vor – dann siehst Du nämlich aus wie unsichtbar aufgehängt. Hals und Wirbelsäule bleiben gerade!

falsch   falsch

Übung auf beiden Seiten wiederholen.

C) Zusätzlich zur Übung **B)** ziehst Du jetzt noch das Schulterblatt des Armes, der unten geblieben ist, diagonal nach unten zur Wirbelsäule hin. Die ganze Schulterpartie wird dadurch vorne geöffnet, die Schulterblätter auf dem Rücken sozusagen übereinandergeschoben.

B) *und* **C)** *auf beiden Seiten wiederholen.*

DIE »SCHRAUBE«
(La Faraona)

Flamenco wurde ursprünglich innerhalb eines Zuschauerkreises getanzt, wobei »Kreis« hier wirklich wörtlich zu verstehen ist. Die einseitige Ausrichtung nach vorn, wie sie in der Guckkastenbühne üblich ist, läuft ihm eigentlich (wie so vieles andere) zuwider. Um von jedem Platz aus ein plastisches Bild, eine Form zu geben, um zu jedem Herumsitzenden auch den Kontakt zu wahren, selbst wenn er einem im Rücken sitzt, kommt ein »ägyptisches Element« zum Tragen, die sogenannte »faraona«. (eigentlich »Pharaonin«, von uns »Schraube« genannt.

Betrachten wir uns das Bild oben: Fußspitzen, Knie, Hüfte und Gesicht weisen in eine Richtung, sind im Profil zu sehen. Rechtwinklig abgedreht dazu, mit der Front zum Beschauer, der Oberkörper.

A. Ausgangsstellung: Füße rechts vor links, Schulterblätter werden heruntergezogen, die Arme werden in Schulterhöhe gehoben, wobei die Fingerspitzen einander berühren.

Mit Hilfe der Muskulatur unter dem rechten Schulterblatt wird die gesamte Schulterpartie waagerecht nach hinten gezogen, ohne daß die Hüfte oder der Kopf mitgehen – die Hüfte wird eher etwas zur linken Seite gedrückt.

Seitenansicht

Achtung! Nicht dem unliebsamen Zug im Rücken ausweichen, indem Du die linke Schulter jetzt vorschiebst! Die Haltung bleibt unverändert gerade. Ziehe auch das linke Schulterblatt nach unten.

falsch   richtig

Einige Male nach hinten ziehen, dann auf der anderen Seite wiederholen.

falsch:
Hüfte wurde
mitgedreht

falsch
Kopf wurde
mitgedreht

falsch
Kopf »kippt«
nach hinten

B. a) Schraube nach rechts wie unter A. beschrieben. Jetzt ziehst Du die Muskulatur vorn am linken unteren Rippenbogen zusammen (das ist ein ziemlich kleiner Punkt und es muß fast einen kleinen Krampf geben) und neigst damit den Brustkorb mit der daraufsitzenden Schulterpartie, mit Hals und Kopf, leicht nach vorn.

(Häufige Haltung des Oberkörpers bei der Frau in Tangos, Alegrías etc.)

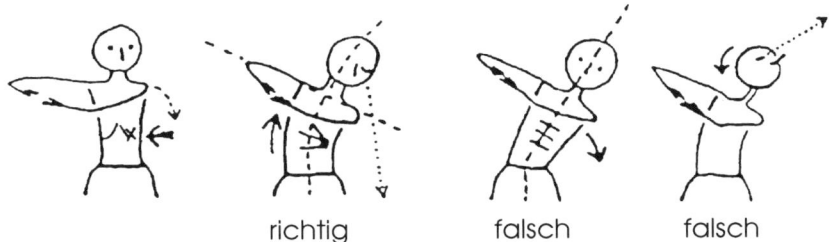

richtig   falsch   falsch

b) Richte Dich wieder gerade auf, die Schraube bleibt unverändert.

c) Jetzt drücke an dem Punkt hinten schräg außen unter dem rechten Schulterblatt die Muskeln zusammen, so daß die Rippen links vorne »auseinanderfächern«, Schulterpartie, Hals und Kopf werden automatisch gehoben. (Wichtig z. B. für Schlußposen).

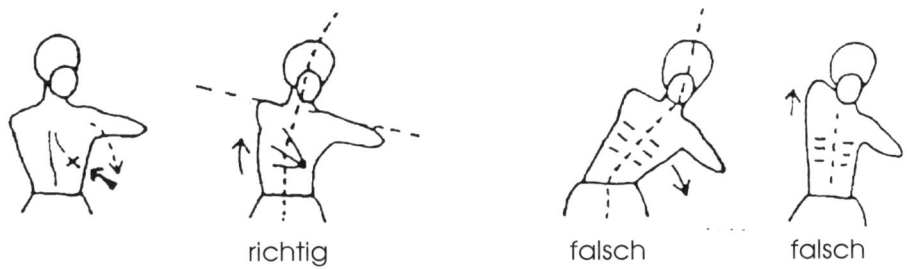

richtig   falsch   falsch

Achtung! Hier besonders aufpassen, daß Du nicht aus der Taille arbeitest und nach vorne bzw. nach hinten »kippst«. Die Bewegung ist sehr klein, aber suggestiv und wirkungsvoll. - Auch darf die linke Schulter nicht gehoben werden.

OBERKÖRPERKOMBINATION MIT ARM

1) Schraube in der oben beschriebenen Weise nach rechts. Dann den rechten Arm hinter den Rücken führen und in der Höhe des Poansatzes halten, ca. 15 cm. vom Körper entfernt. Das rechte Schulterblatt heruntergezogen lassen.

2) Den linken Arm ausstrecken, daß er quer vor der Brust liegt.

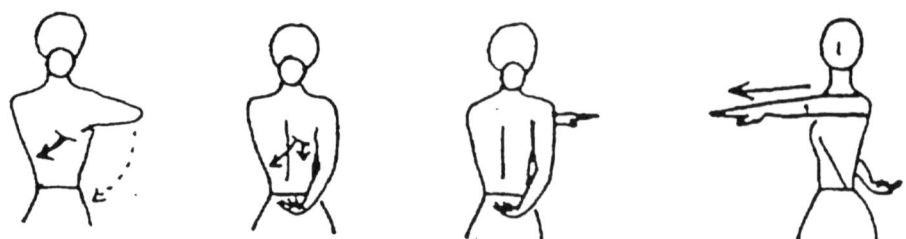

3) Die linke Schulte waagerecht vorschieben und zurückziehen, während der Körper unverändert in der Schraube bleibt. Der Arm muß dabei gestreckt bleiben. Nur die linke Schulter soll arbeiten, auf keinen Fall der Ellbogen!

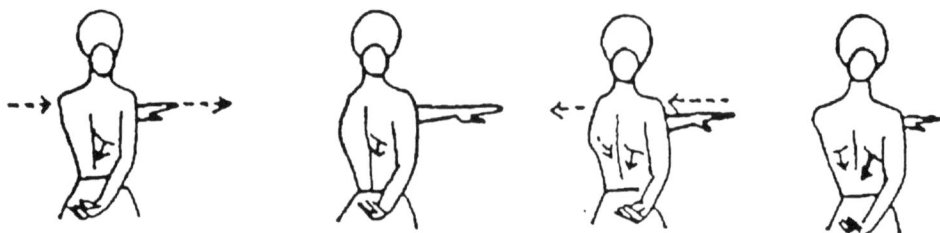

Diese Übung mehrfach wiederholen.

Achte darauf, daß die rechte Hand in Entfernung zum Körper bleibt und nicht auf dem Po landet.

4) Wenn die linke Schulter zurückgezogen ist, den linken Arm (aus dem Schulterblatt heraus!) heben, die linke Hand geht am rechten Ohr vorbei, der Ellbogen »führt«, wie vorhin geübt, bis die linke Hand hoch über dem Kopf ist.
Gesicht und Hüfte bleiben frontal, der Oberkörper bleibt in der Schraube.

5) Wenn der linke Arm oben ist, drücke die bewußte Stelle unter dem rechten Schulterblatt ein und fächere die Rippen vorne links auseinander. Mehrmals mit dem linken Arm in die Höhe ziehen, wobei die Rippen stark aufgefächert werden, (die Schulter aber selbstverständlich nicht hochgezogen wird). In der Schraube bleiben.

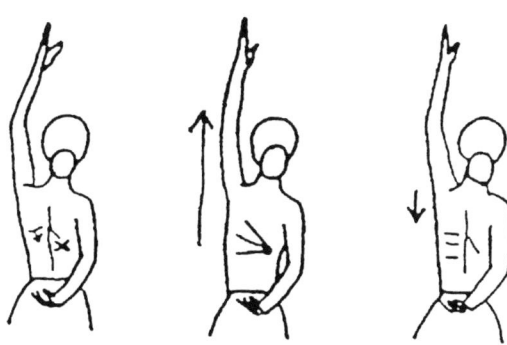

Achte darauf, daß die rechte Hand inzwischen nicht auf dem Po landet.

6) Den linken Ellbogen aus dem Schultergelenk ausdrehen. Nicht den Arm sacken lassen! Er muß in eleganter Rundung oben bleiben und den Kopf, der geradeaufgerichtet nach vorne blickt, wie ein Medaillon umrahmen.

Die Übung mehrfach wiederholen.
(»Ventana« - »Fenster« nennen die Spanier diese Haltung.)

7) Das rechte Schulterblatt zur Wirbelsäule hin schräg nach unten ziehen und die geschraubte Schulterpartie damit noch mehr öffnen. Mehrfach ziehen.

8) Die Körperhaltung bleibt unverändert, der linke Arm senkt sich bis in Brusthöhe vor den Körper, der rechte wird (Ellenbogen »tragen«!) gehoben.

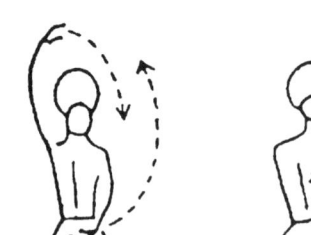   

9) Jetzt wieder rechts unterm Schulterblatt eindrücken, links vorne die Rippen auseinanderfächern.

Achtung! Schulterblätter bleiben hinten unten zusammengezogen, der vordere Arm ist ziemlich lang ausgestreckt und wird fast quer über der Brust gehalten.

Mehrfach ziehen, dann die gesamte Oberkörperkombination zur anderen Seite.

Musik: Getragene Soleares.

Die Hüften

Wem von uns weiblichen Wesen hat nicht schon mal ein taktvoller Zeitgenosse – meist ein älteres Geschwister oder Klassenkamerad – gesagt: »Häng' den Hintern nicht so weit raus!« Jeans und der männliche oder zumindest neutrale Trend der Mode tun ein übriges: Po einziehen, heißt es, also Becken vorschieben, was gleichzeitig ein Zusammensacken der Brust und ein Vorfallenlassen der Schultern bedeutet.

Bedenke aber, daß zumindest bis zum ersten Weltkrieg, vor der »Amerikanisierung« Europas, ein ganz anderes Frauenideal vorherrschte, und daß dieses Frauenideal auch heute noch in Andalusien auf geradezu orientalische Art fortwirkt. Die abgehungerten, langbeinigen Spirkel in den Illustrierten werden zwar irgendwie bewundert, ich habe jedoch oft festgestellt, daß letztlich doch die rundlichen Formen als das eigentlich Schöne und auf natürliche Art Erotische empfunden werden. Ein Glück – sonst wäre Andalusien bereits entvölkert.

Ich habe alte Frauen, sehr dicke Frauen, sehr dicke Männer, Leute mit »unmöglicher« Figur Flamenco tanzen sehen, die dies mit einer solchen Selbstverständlichkeit, so einer natürlichen Grazie taten, völlig unbekümmert darüber, wie wohl die Zuschauer über ihre Figur denken könnten, daß niemand überhaupt auf die Idee kam, sich über ihre Figur Gedanken zu machen. Ihre Seele ist sozusagen genau in ihrem Körper plaziert, keinem Körperteil wird ein Stück Seele vorenthalten, beide bilden eine Einheit, sagen ja zueinander. Und dieses körperlich-seelische Wohlbefinden überträgt sich auf jedweden Zuschauer, schafft Platz für den Ausdruck starker und allgemein menschlicher Empfindungen.

Lasse also Deine Hemmungen fallen – auch die Hüften sind ein Teil und ein sehr wichtiger zentraler Teil Deines Körpers. Sehr viele Armbewegungen des Flamenco setzen, so seltsam das auch klingt, im Unterleib an. Wie soll die Kraft, die der Flamencotänzer sich durch die Berührung der Sohlen auf dem Boden holt, bis in die Fingerspitzen geleitet werden, wenn diese Kraft durch eine abgestorbene Zone blockiert wird?

Die Hüftbewegungen in diesen Übungen sind groß, da große Bewegungen stets einfacher als kleine Bewegungen zu machen sind. In dieser Art werden sie jedoch nur in Rumbas flamencas verwendet, eventuell auch mal in den grotesk übertreibenden Bulerías. Wenn wir aber erst einmal das Gefühl für unsere Hüften bekommen haben, werden wir in der Lage sein, diese Bewegungen, auf ein Minimum reduziert, als »belebten Körper« in Soleares, Alegrías, Tangos de Piyayo etc. einzusetzen.

Die Muskelpartie, die wir dafür arbeiten lassen, ist der große Rückenstrecker. Achte also darauf, daß diese Hüftbewegungen eine absolut kontrollierte (und auf bestimmte Muskeln konzentrierte) Bewegung sind, auf keinen Fall ein Hin- und Herschlenkern des Gesäßes mit gleichzeitigem Gegenfallen der Schultern.

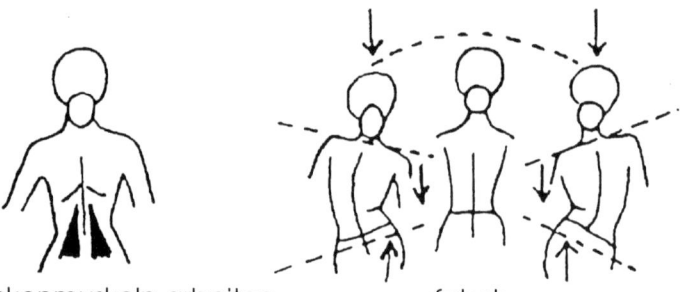

Diese Rückenmuskeln arbeiten   falsch

Ausgangsstellung: Die Füße sind parallel (6. Pos.), die Hände werden zur Kontrolle auf die Armkugel gelegt.

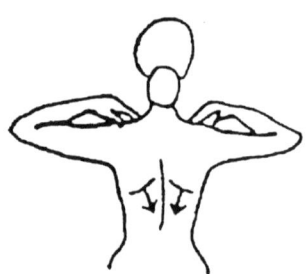

Der Oberkörper ist gerade (Schulterblätter hinten runterziehen!), und jetzt, *ohne* das Becken *vor*zuschieben, etwas in die Knie gehen. Eher wird, um das Gleichgewicht zu halten, der Po minimal nach hinten geschoben. – *Kein* Hohlkreuz!!

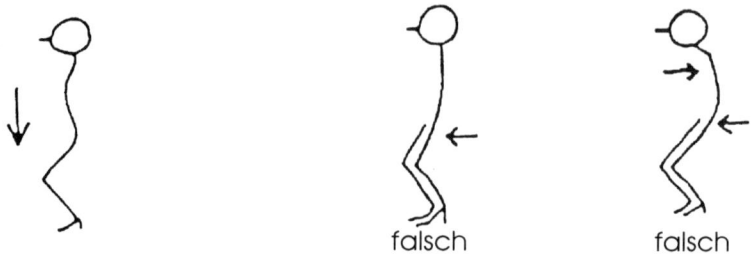

falsch   falsch

A. HÜFTSCHAUKEL
(seitlich).

Die Bewegung geht nur hin und her, in einem natürlichen Bogen über unten. Kein Auf- und Abwippen des Oberkörpers! Fühle Dich, als wärst Du mit der Brustmitte im Raum fixiert und schaukelst von diesem hohen Standpunkt aus mit den Hüften wie eine Glocke im Glockenstuhl. Mache die Bewegung weich und zügig, auf keinen Fall ruckartig. Die Beine müssen immer gebeugt bleiben, keinesfalls das Standbein durchstrecken.

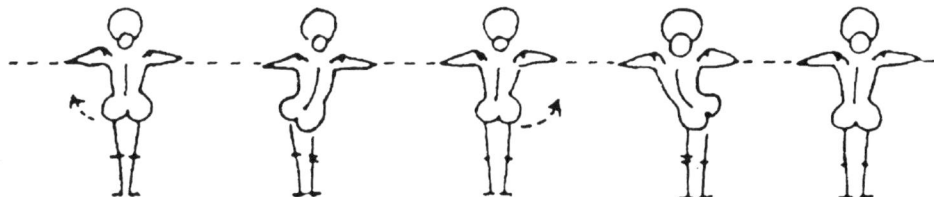

Achtung! Versuche nicht, durch die Knie bzw. durch angedeutete Schritte, der Rückenmuskulatur die Arbeit zu erleichtern oder gar abzunehmen! Die Knie haben nur ausgleichende Funktion.

Es würde in solchem Fall unweigerlich ein Hüftenschlenkern in »Nachtbar«-manier. Bleibe mit den Sohlen also fest auf dem Boden. Bewegung sehr groß machen und entsprechend tief in den Knien bleiben.

B. HÜFTKREIS.

Im Gegensatz zum orientalischen Tanz, der den flachen Kreis bevorzugt, wird im Flamenco nie das Becken vorgeschoben. Der höchste Punkt im Kreis ist hinten in der Mitte.

Orientalischer Tanz   Flamencotanz

Die Ausgangsposition ist die gleiche wie bei A. Den Hüftkreis zuerst mehrfach nach links, dann mehrfach nach rechts ausführen.
Achtung! Nicht mit dem Oberkörper nach vorn kippen, er bleibt ganz ruhig im Raum fixiert. »Luft unter die Ohren«!

Vorübung zur »Grossen Acht« (C.)

Stelle Dich aufrecht hin, die Füße zusammen, die Hände auf den Armkugeln. Nun wende die Hüftfront abwechselnd nach rechts und links. (Nicht zu oft, sonst gibt es fürchterlichen Muskelkater!) Der Oberkörper bleibt völlig ruhig.

C. Die »Grosse Acht«

Ausgangsstellung wie bei **A**.
1) Hüfte nach rechts drehen.
2) Links vorn das Hüftgelenk einknicken und damit die Hüfte nach unten hängen lassen

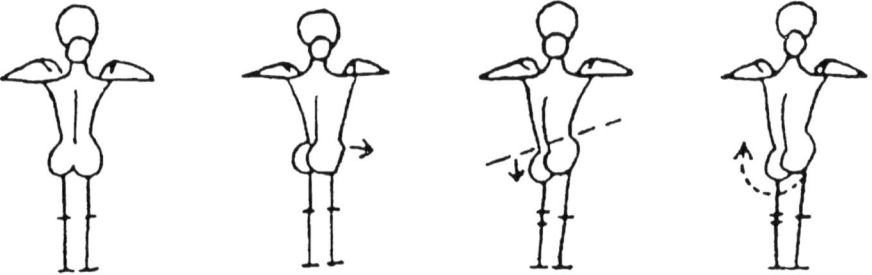

3) Hüfte im Bogen diagonal nach links vorschieben und, noch ehe das Hüftgelenk nach oben durchgedrückt wird, in einem seitlichen Kreis über außen nach hinten ausweichen, bis wir die Stellung von C 2, aber auf der linken Seite erreicht haben. Ebenso auf der anderen Seite und damit die zweite Hälfte der 8 ausführen.

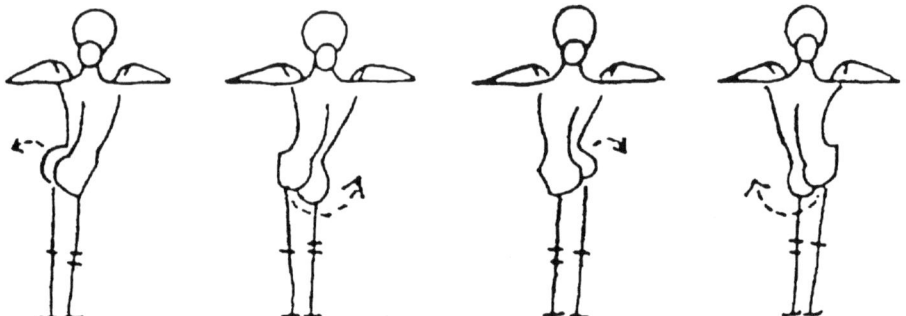

Diese 8 ist also nicht flach, sondern dreidimensional, die höchste Stellung ist jeweils diagonal hinten:

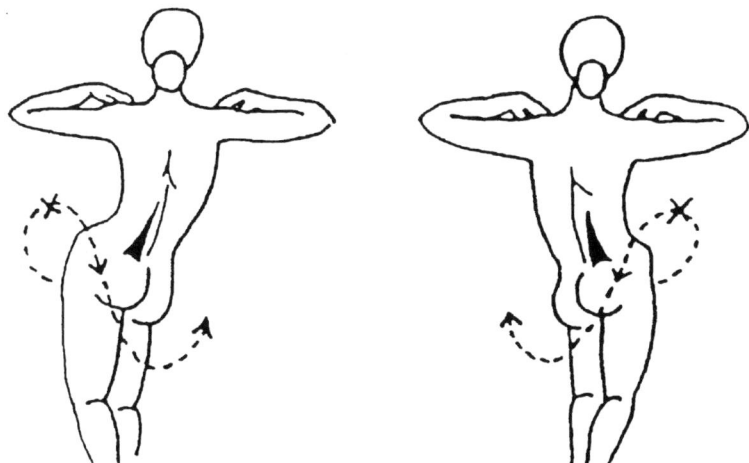

indem die Hüfte immer auf der Seite, nach der sie den Kreis macht, auswärts gedreht wird.

Achtung! Da Du jetzt eine 8 machst und keinen Kreis wie bei B, sind natürlich die Hüftkreise nur halb so groß wie bei B. Du mußt immer wieder durch den Mittelpunkt Deines Körpers unter Dir kommen –beim Kreuzungspunkt der 8.

Empfohlene Musik: Tangos flamencos.

OBERSCHENKEL

Die Arbeit der Oberschenkel ist wichtig zur Vorbereitung für die Fußtechnik. Für Frauen sind darüberhinaus die Oberschenkelbewegungen essentiell für das Arbeiten mit dem Rock und vor allem mit der Schleppe, der »bata de cola«. Viele Bewegungen der Soleares, Alegrías, Seguiríyas etc. werden aus dem Demi-plié heraus gemacht; sei es, daß man trotz grandioser Armbewegungen beim »harmlosen« Laufen sehr tief in der Hocke sitzt (viel mehr, als dem Zuschauer durch den langen Rock und durch himmelwärts strebende Arme und Oberkörper suggeriert wird), sei es, daß bei einem besonders intensiven Schritt, bei dem z. B. das rechte Knie fast über dem Boden schleift, das ganze Körpergewicht und dazu noch die mehrere Kilo wiegende Schleppe ohne sichtbare Anstrengung allein vom linken Standbein hochgeschleudert werden müssen.

Die nachfolgenden Übungen sind daher ebenso wichtig wie unbeliebt.

Ausgangsposition: Die Füße sind parallel, die Hände in der Schenkelbeuge eingestützt, die Ellenbogen sind vorgedrückt, aber die Schultern ziehen mittels der Schulterblätter nach hinten unten. Das Körpergewicht durch die Anspannung im Brust-Schulterbereich reduzieren.

A. HALBE HOCKE

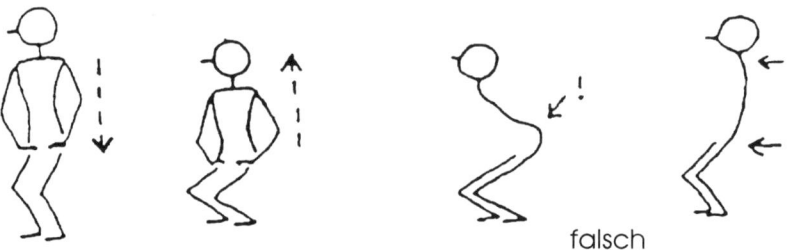

falsch

Mit gerader Haltung in die Knie sinken und fast wieder hochkommen, d. h. wir kommen nicht bis zum gestreckten Bein. Bewegungen langsam und fließend machen, wichtig ist das »Unterwegs-sein«, nicht die Endposition.

Achtung! Wenn Du vom Ballett kommst: Der Unterschied zum Plié besteht darin, daß die leichte, im Ballett übliche Vorneigung des

Körpers fehlt; außerdem wird das Becken nicht vorgeschoben, sondern, bedingt durch die sehr aufrechte Haltung, eher etwas der Po (soweit als »Gegengewicht« nötig) herausgeschoben.

B. GANZE HOCKE

Wie unter **A.** beschrieben, aber ganz in die Knie sinken; im letzten Augenblick die Hacken vom Boden lösen. Nicht unten ausruhen, sondern schon wieder die Hacken gegen den Boden drücken (das hilft über die erste schreckliche Strecke) und *gleichmäßig langsam fast* hochkommen.

Achtung! Nicht auf die Fersen plumpsen, und auch nicht mit einem »Anlauf« sich nach oben reißen! Versuche die Bewegung so diszipliniert und gleichmäßig auszuführen, als würdest Du an einem Faden gezogen.

Abwechselnd 4 x halbe Hocke und 1 x ganze Hocke, 2 x wiederholen.

C. Die Kombination von A. und B. 2 x wiederholen, die Zehenspitzen sind jetzt in einem Winkel von 90° auseinandergespreizt, und die Knie werden so geöffnet, daß sie sich stets genau über den Zehenspitzen befinden.

D. HALBE HOCKE MIT EINEM BEIN

Das Körpergewicht ist ganz auf dem linken Fuß, rechts liegt der Ballen nur leicht auf dem Boden, Knie und Füße sind in einem Winkel von 90° geöffnet.

1) links in die halbe Hocke sinken,
2) links wieder fast hochkommen und dabei den rechten Oberschenkel akzentuiert hochziehen.
3) Wenn links wieder sinkt, fällt der rechte unbelastete Ballen mit einem leichten Tupf auf den Boden.

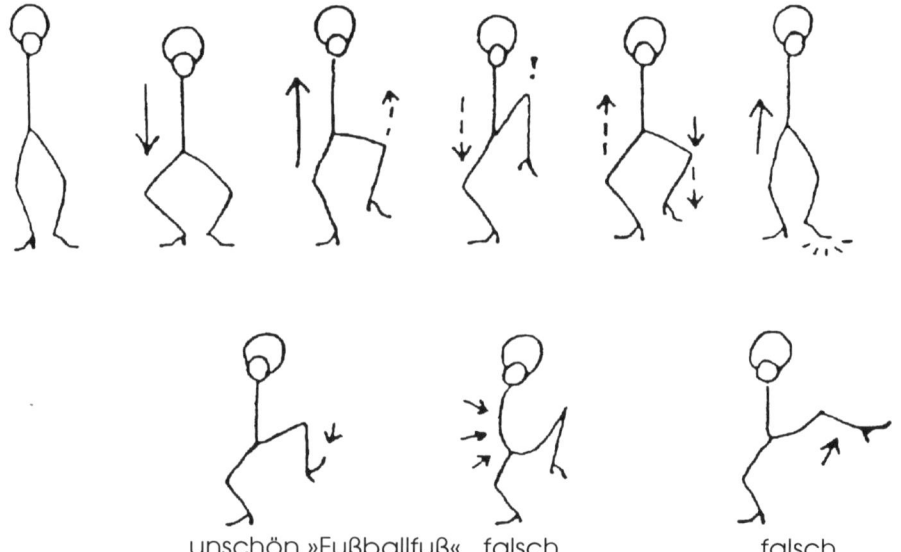

unschön »Fußballfuß«   falsch   falsch

Wir haben also ein gleichmäßiges Heben und Sinken des linken Standbeines und ein mit Impuls beginnendes (»Tupf«) schnell hochgehendes, langsam sinkendes unbelastetes rechtes Bein.
4x wiederholen, dann 4 x die andere Seite.

E. HALBE HOCKE AUF EINEM BEIN MIT HÜFTE

Wie Übung D, aber die Hüfte wird von der Rückenmuskulatur her mitgeführt und gibt sozusagen dem unbelasteten rechten Bein den Impuls zum Hochziehen des Knies:

Durch den »Impuls« laufen die Bewegungen zeitlich etwas hintereinander ab: Wenn die rechte Hüfte ihren höchsten Punkt erreicht hat, ist das rechte Knie noch nicht ganz oben, und wenn das rechte Knie oben ist, ist die rechte Hüfte schon wieder im Sinken begriffen.

Achtung! Nicht auf der Hüfte »ablagern«!
So nennen wir das, wenn es sich jemand auf dem linken Standbein gemütlich macht und in der Taille durchhängt. Das Hüftgelenk ist dann durchgedrückt und es gibt einen »Knacks«, wenn man wieder hoch will.

falsch

Das Hüftgelenk muß unbedingt flexibel, d. h. leicht gebeugt bleiben, und das Körpergewicht muß in der Schulterpartie getragen werden und nicht im Bauch.

F. Knie-Halbkreis

Ausgangsposition: Die Füße sind parallel, die Knie stark gebeugt.
1) Der rechte Arm ist vor dem Körper in Brusthöhe, der linke hinter dem Körper in Taillenhöhe. Der Kopf geht nach rechts ins Profil in dem Augenblick, indem wir rechts mit dem Kniehalbkreis beginnen.
2) Das rechte Knie beginnt mit einem »Anlauf« über das linke Knie und geht in hohem Bogen nach außen. Der Unterschenkel bleibt dabei immer senkrecht.

3) In der 2. Position, also seitlich außen, ca. 1 Fußlänge weg vom Standbein, tupft der unbelastete rechte Ballen (mit dem senkrechten Unterschenkel!) auf den Boden auf.

4) Der rechte Fuß wird wieder hereingenommen und parallel neben den linken gestellt. Dabei in der halben Hocke bleiben! Nicht hochkommen! Gesicht wieder geradeaus, die Arme wechseln.

Beide Seiten mehrfach nacheinander wiederholen.

Achtung! Mit dem Standbeinknie nicht auf die Seite des Spielbeinknies knicken! Die Knie werden geöffnet.

falsch　　　　falsch　　　　falsch

Achtung! Das Spielbein muß unbedingt mit senkrechtem Unterschenkel außen ankommen. Ist das Spielbeinknie gestreckt oder fast gestreckt, bedeutet das, daß das Standbein nicht stark genug gebeugt ist oder der Spielbeinfuß zu weit außen aufgesetzt wurde.

Achtung! Das Körpergewicht wird nicht verlagert!

G. Übung für den Rock

1) Aus der halben Hocke (die die ganze Übung hindurch unverändert bleibt!! »sitzen«) die Knie sehr stark und akzentuiert hochziehen – bis zur Brust! Dabei bleibt der Oberkörper unverändert leicht zurückgelehnt. Fußspitzen strecken! (Wir sind nicht auf dem Fußballplatz.) Während die Knie in flottem Tempo abwechselnd so weit wie möglich an die Brust gezogen werden, werden die Arme von unten über außen gehoben; im Takt schnalzen wir dazu mit den Fingern immer abwechselnd mit der linken und der rechten Hand. (Über 16 Zeiten)

2) Wenn die Arme vor dem Körper runtergehen, neigt sich der Oberkörper etwas nach vorn, der Kopf wird leicht schräg nach rechts gehalten, etwa in Brusthöhe (vom Körper aus gesehen) werden die Arme gehalten, und die Knie gehen jetzt seitlich »bis in die Achseln« (über 16 Zeiten).

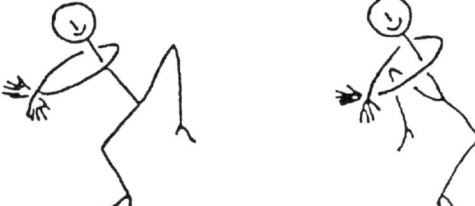

In dieser Haltung allen Charme spielen lassen! Fingerschnalzen wie oben (z. B. für Alegrías, Tangos etc. zu gebrauchen)

Achtung! Laß den Kopf nicht senkrecht, wenn der Oberkörper sich neigt. Das gibt einen ganz »gezwungenen Hals« und sieht aus, als wärest Du am Ertrinken.

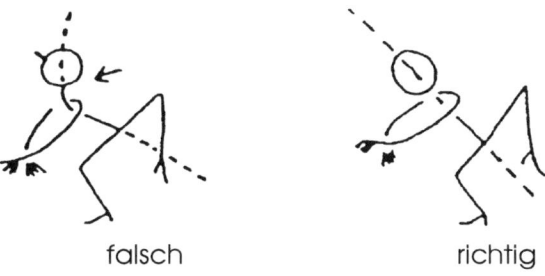

falsch   richtig

Übung 1 und 2 hintereinander wiederholen.

Dabei bei 2 den Kopf einmal leicht nach rechts und einmal leicht nach links halten. Knie wirklich sehr hoch nehmen!! Nicht nachlassen!

Übrigens: Mach Dir nichts daraus, wenn diese Haltung und Bewegung im kurzen Übungsrock »bescheuert« aussehen! Für die langen, schweren Flamencoröcke sind ganz andere Körperbewegungen nötig als Du gewohnt bist, um die großen Stoffmengen in Bewegung zu versetzen.

H. AUSFALLSCHRITTE

Wir stehen frontal, die Füße sind parallel, die Beine gestreckt, aber nicht durchgedrückt.
A 1) Unmittelbar vor Beginn der Bewegung heben wir den rechten Arm leicht zur Seite.
2) Wir lassen uns seitlich nach rechts fallen, im letzten Augenblick fangen wir uns mit dem rechten Bein ab. Der rechte Arm hat währenddessen einen Halbkreis über innen beschrieben.

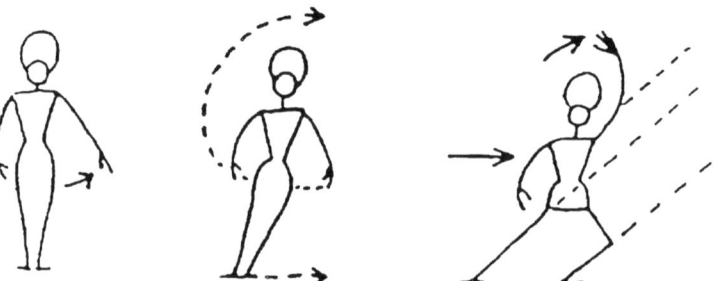

Die rechte Fußspitze und das rechte Knie zeigen leicht nach außen. Der linke Fuß bleibt unverändert fest auf dem Boden.
3) Einen Augenblick wird diese Pose gehalten, dann gehen der Körper, der Arm und das Bein den selben Weg wieder zurück. Po anspannen und das linke Bein stets gestreckt lassen!

Achtung! Den Ausfallschritt nur so groß machen, daß Du ohne Schwierigkeiten wieder hochkommst. Die Größe des Schrittes läßt sich besser mit einer stärkeren Kniebeuge rechts suggerieren:

falsch   besser

Nach beiden Seiten wiederholen, insgesamt 4 x.

b) Wie a) im Ablauf, der Oberkörper beschreibt aber während des Fallens eine Wendung nach rechts.

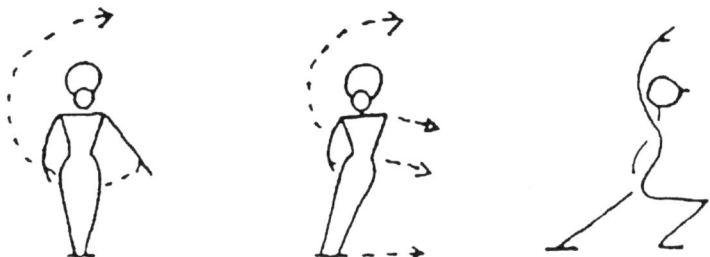

Achtung! Der linke Fuß muß wie festgeklebt am Boden bleiben! Er verändert seine Position nicht!

Achtung! Der linke Arm darf nicht als »Keller-arm« (ausrangiert und vergessen) am Körper herabbaumeln! Er wird hinten links zwischen Po und Taille, ca. 10 cm vom Körper weg gehalten. Bitte kein Allongé!

falsch   falsch   falsch

c) Wie b) im Ablauf, aber der Körper und der Hals und das linke Bein müssen wie ein Teil sein und dürfen sich nicht im Winkel gegeneinander verschieben.

In der Ausfallposition müssen die Schulterblätter sehr stark hinten zusammengezogen werden, damit der Ellbogen das Profil freigibt. Achtung! Kippe nicht, in der Endposition angekommen, mit dem Oberkörper nach, so daß der Po raussteht! Fühle Dich wirklich wie ein Brett, das umkippt. Lasse auch nicht den rechten Ellbogen hängen.

falsch   falsch   falsch

Trage dein Körpergewicht im angespannten Schulter-Brustbereich, dann geht's viel leichter zurück in die Ausgangsstellung.
Diese Ausfallschritte mit fast gestreckten Beinen und angespanntem Po sind typisch für einen Männertanz, z. B. Farruca.

2. Teil
FUSSTECHNIK

Uns will heute die Fußtechnik das Hervorstechendste im Spanischen Tanz scheinen. In Wirklichkeit jedoch waren gerade für die Frauen die Bewegungen des Oberkörpers, das Spiel der Arme und Hände und mit der Schleppe lange Zeit wichtiger als die Fußarbeit, die zum größten Teil den Männern vorbehalten blieb.

Erst Carmen Amaya in den fünfziger Jahren, die bezeichnender- und damals höchst ungewöhnlicherweise auch in Hosen auftrat, hat der Fußtechnik in den Frauentänzen einen Platz erobert, der heute leider oft die »arte«, die Kunst der typisch weiblichen Bewegungen, fast ganz verdrängt. Die »arte« wird mehr von Eingeweihten goutiert, ein lärmender Fußteil reißt dagegen auch ein uneingeweihtes Publikum von den Sitzen.

Hierzu wäre zu bemerken: »arte« lernt sich mit Fleiß und Ausdauer zu ca. 80 %, 20 % müssen von der Natur mitgegeben sein.

Fußtechnik lernt sich zu 98 % durch Arbeit, Arbeit und nochmals Arbeit. Wer am meisten übt, macht die schnellsten Zapateados. Freilich ist ein gutes, rhythmisches Gehör unerläßlich.

Vergiß nie, daß Du mit den Füßen *Musik* machen willst. Ein Flamencotänzer ist auch immer gleichzeitig Musiker. Es gibt Tänze oder Tanzstücke, die ohne Gitarre, nur mit Klatschen oder Klopfen mit einem Stock oder sogar noch ohne dieses, ausgeführt werden. Es kommt also nicht darauf an, möglichst laut zu trampeln, sondern die Möglichkeiten der Perkussion, die wir mit unserem Körper erzeugen können, differenziert einzusetzen.

Wir müssen auf zwei Dinge hinarbeiten:

1) Einen präzisen »trockenen« Klang bei unserer Fußarbeit zu erreichen, auch bei hohen Geschwindigkeiten (die Spanier nennen das »seco«)

2) Eine Technik zu erarbeiten, die unsere Anatomie nicht mehr belastet, als unbedingt notwendig ist.

Auf den zweiten Punkt, der sich in den Auswirkungen mit dem ersten ziemlich deckt, muß ich näher eingehen. Leider ist anatomisch richtiges Arbeiten in Spanien fast so unbekannt wie Pumpernickel. »Die Schüler lernen es mit ihrer Intuition oder garnicht«:

der Ausspruch ist ein krasses Beispiel für diese Einstellung. Auch außerhalb Spaniens gibt es nur wenige, die sich um die Vermittlung gezielter, anatomisch korrekter Technik Gedanken gemacht haben. Die Schäden, die dadurch oft angerichtet werden, sind horrend und leider irreparabel. Meist beklagen sich Anfänger bereits nach 1 bis 1 1/2 Jahren über Knieschmerzen, manchmal kommen noch Kreuzschmerzen durch falsche Haltung hinzu. Ich muß zugeben, ich bin stolz darauf, daß in den 14 Jahren, die ich meine Flamencoschule führe, keiner meiner Schüler durch den Flamencotanzunterricht bei mir Knie- oder gar Kreuzschmerzen bekommen hat.

Bitte arbeite deshalb am Anfang nicht zu schnell, sondern achte auf saubere Technik. Das kommt dem Klang zugute, später der Geschwindigkeit, und vor allem Deiner Gesundheit. Wenn Du Muskelkater in den Beinen, besonders in den Waden bekommst, hast Du falsch gearbeitet: Von der Taille an abwärts muß der Körper völlig entspannt sein.

Außerdem kann gar nicht intensiv genug darauf hingewiesen werden, daß die Fußtechnik nur in gut aufgewärmtem Zustand ausgeführt werden darf. Kalt damit zu beginnen, ist Gift für die Kniegelenke und kann Deiner Flamencolaufbahn ein vorzeitiges Ende bescheren.

Benutze also die Körperübungen des ersten Teils – zumindest auszugsweise – unbedingt als Aufwärmtraining!

Die Technik des Hebens

Ausgangsstellung: Die Haltung ist gerade. die Schulterblätter sind zur Wirbelsäule herabgezogen. Die Hände sind zu den Fußübungen vorerst in der Schenkelbeuge eingestützt (nicht auf den Hüftknochen oder in der Taille, das ergäbe Henkelarme mit spitzen Ellbogen), die Ellbogen werden nach vorne gedrückt, soweit dies möglich ist, ohne die Schultern nach vorne zu ziehen. Kopf und Blick sind geradeaus gerichtet. Durch die Spannung im Schulter-Brust-Bereich wird das ganze Körpergewicht im Brustmittelpunkt getragen. So haben wir eine ideale Haltung und trotzdem einen flachen, völlig lockeren Bauch, in den wir gut atmen können. (Bitte nie denken: »Bauch einziehen«, da dann die Bauchmuskulatur verkrampft und das Atmen behindert wird.) Mit dem »Gewicht im Brustmittelpunkt« gehen wir etwas in die Knie (vergl. Übung »halbe Hocke«.)

Achtung! Nicht das Becken vorschieben!
Die Füße sind parallel und ca 2 cm auseinander, um sich nicht zu behindern.

1) Jetzt heben wir das rechte Bein, und zwar so, daß der Knöchel des rechten Beines neben die Kniekehle des linken Beines kommt.

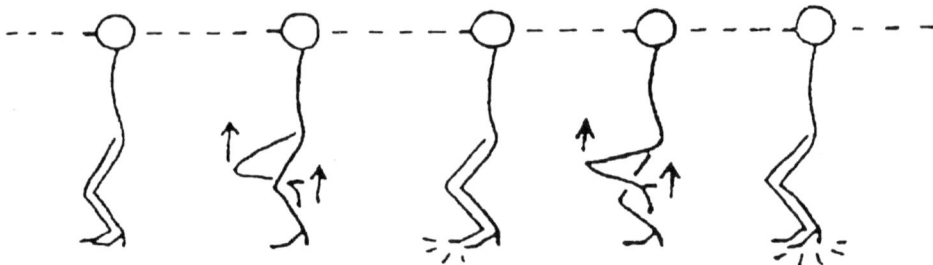

Das rechte Bein bewegt sich also sowohl im Knie – wie auch im Hüftgelenk.

falsch
(nur Oberschenkel
ist gehoben)

falsch
(nur Unterschenkel
ist gehoben)

falsch

Achtung! Nicht den Körper plötzlich einrollen, wenn das Bein gehoben wird. Das Bein muß völlig unabhängig vom Oberkörper arbeiten.

2) Das richtig gehobene Bein erlaubt es uns, völlig senkrecht unter dem Körper den Fuß fallen zu lassen, der jetzt mit der ganzen Sohle, d. h. Ballen und Hacken zugleich, auf den Boden fällt (noch ohne spezielle Lautstärke).

Achtung! Bleibe in den leicht gebeugten Knien, strecke auf keinen Fall die Beine durch, wenn Du wieder beide Füße auf dem Boden hast.

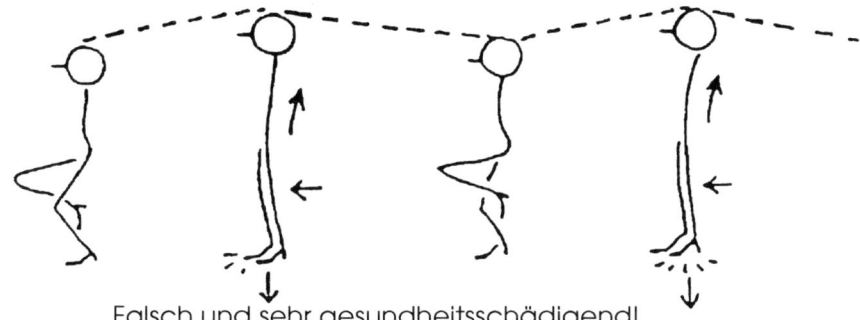

Falsch und sehr gesundheitsschädigend!

Achtung!
Der Fuß muß wirklich in voller Länge ganz entspannt auf den Boden fallen!

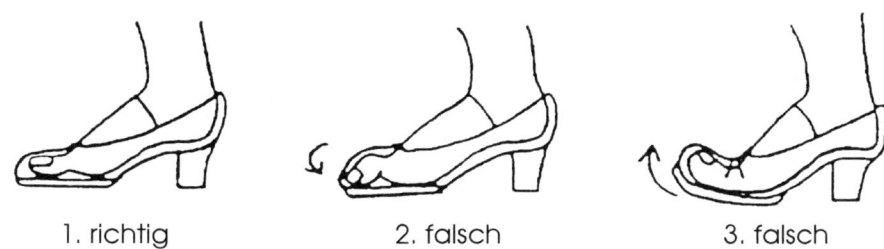

1. richtig   2. falsch   3. falsch

Die falsche Stellung **3.** ist häufig auf ein verspanntes Arbeiten auch in den Waden zurückzuführen. Der Klang wird flach und die Gefahr, sich den Ballen durchzutreten, ist groß – eine recht schmerzhafte und langwierige Sache.

Allgemeines zur Notenumschrift der Fusstechnik

Wie jede Perkussion läßt sich auch die Flamenco-Fußperkussion verhältnismäßig problemlos aufschreiben.

Die folgenden Übungen führen gleichzeitig in die von mir entwickelte Flamencoschrittnotation ein, die es im späteren Stadium ermöglichen soll, sich nach dem Notenbild das Schrittmaterial von Tänzen selbst zu erarbeiten bzw. gelernte Schritte rhythmisch exakt aufschreiben zu können.

Wenn Du Rhythmus-Noten lesen kannst, wird Dir die Notation keinerlei Schwierigkeiten bieten. Für die, die keine Noten lesen können, aber bereit sind, sich einzuarbeiten, folgt hier eine ganz kleine Einführung.

1) Um die »Fuß-noten« von den Musiknoten zu unterscheiden, haben wir am Anfang der Zeile den »Tanzschlüssel«, der eine stilisierte Tänzerin mit Schleppe darstellt.

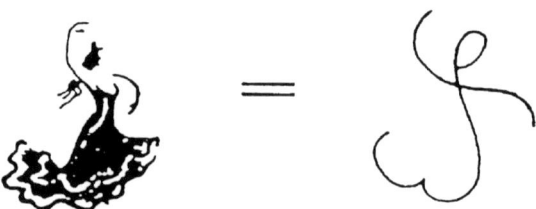

2) Wie bei Perkussionsnoten werden die verschiedenen Klangfarben der Fußschläge in die Notenlinien gesetzt, etwa nach der Höhe des Tones, den sie erzeugen.

3) Die ganze Sohle ist die unterste Note, weil sie für die Tänzer das Fundament ist, auf dem alle anderen Fußschläge aufbauen.
4) Der rechte Fuß wird mit einer »normalen« Note bezeichnet: ♩, die Note für den linken Fuß bekommt einen Diagonalstrich durch den Notenkopf: ♩

5) Im allgemeinen ergibt sich sie Belastung oder Nicht-Belastung des Fußes mit dem Körpergewicht von selbst, sodaß diese nicht weiter angegeben wird.

6) Ein normaler leiser Schritt wird mit einer leeren eckigen Note dargestellt: ♩ ♩

ein Schritt mit halbem Akzent mit einer halbgefüllten eckigen Note: ♩ ♩

Die Notenwerte:
Eine Taktzeit kann ausgedrückt werden durch:

 = 1 Viertelnote

= 1 Fußschlag auf eine Zeit   𝄽 1 Viertelpause
sprich: »eins«

 = 2 Achtelnoten

= (♪ ♪) 2 Fußschläge auf eine Zeit   𝄾 1 Achtelpause
sprich: »ein-und«

 = 1 Achtel-Triole

= (♪ ♪ ♪) 3 Fußschläge auf eine Zeit
sprich: »ein-und-te«

 = 4 Sechzehntelnoten

= (♪ ♪ ♪ ♪) 4 Fußschläge auf eine Zeit   𝄿 1 Sechzehntelpause
sprich: »ein-ne-und-te«

1. A.) EINFACHE SCHLÄGE MIT DER GANZEN SOHLE (»GOLPE«)

Wenn wir die ganze Sohle als Note unter das Notensystem schreiben und das Zeichen ∧ das stark akzentuierte Heben des Beines bezeichnet, so ergibt sich folgendes Notenbild:

Wir zählen
und (Heben rechts) eins (Sohlenschlag rechts) + zwei + drei + vier
und (Heben links) eins (Sohlenschlag links) + zwei + drei + vier
usw.

1. B.) GANZE SOHLE IN DOPPELTEM TEMPO:

Wir zählen:
und (Heben r) **eins** (Sohlenschlag r) + **zwei**
und (Heben l) **drei** (Sohlenschlag l) + **vier**

1. C.) GANZE SOHLE, FORTLAUFEND

Da das Heben der Beine bei der Fußtechnik selbstverständlich ist, wird es nicht mehr geschrieben. Das Notenbild sieht dann ganz einfach aus. Natürlich wird das Bein trotzdem vor jedem Fußschlag gut gehoben.

2) DOPPELTE SCHLÄGE MIT DER GANZEN SOHLE

Das gut gehobene rechte Bein wird einmal auf die ganze Sohle fallen gelassen, prallt wie ein Tennisball ab und fällt ein weiteres Mal mit der ganzen Sohle auf den Boden; diesmal mit dem Körpergewicht.

Dasselbe links.

Wir zählen
2,a) und (Sohlenschlag r unbelastet) **eins** (Sohle r belastet) **und zwei und drei und vier** usw. (Übung 4)
2,b) und (Sohlenschlag r unbelastet) **eins** (Sohle r belastet) **und zwei und** (Sohlenschlag l unbelastet) **drei** (Sohle l bel.) **und vier** usw. (Übung 5)

2,c) »und« sind jeweils die unbelasteten, die Zeiten jeweils die belasteten Schläge (Übung 6)

3) Gleichlaufender Dreierschlag mit der ganzen Sohle

Die Fingerspitzen berühren den linken Rippenbogen, die Ellbogen sind hochgedrückt, die Schulterblätter hinten heruntergezogen.

Fußstellung rechts vor links im Winkel von ca. 60°. Die Beine sind wie üblich gebeugt, links ist das Standbein, rechts das Spielbein. Das Spielbeinknie wird besonders hoch gehoben (aber nicht den Takt verzerren!)
Links gibt einen belasteten Sohlenschlag (Zählzeit 1), rechts einen doppelten (Zählzeit 2, 3)

3 a) mit links als Standbein

3 b) mit rechts als Standbein

Diese Übung wird an der Stelle gemacht, sie kann später innerhalb von Tänzen auch in der Vorwärtsbewegung ausgeführt werden.

Achtung! Mache mit dem Spielbein wirklich immer eine ganze Sohle, auch wenn die unbelastete Sohle natürlich anders klingt als die belastete. Weiche nicht auf einen getupften Hacken plus Sohle aus!

4) Wechselnder Dreierschlag mit der ganzen Sohle

Mit dem rechten Fuß wird ein doppelter Schlag gegeben, der linke gibt einen einfachen, der linke Fuß wird dabei vorgesetzt und hat den Hauptakzent, obwohl er unbelastet ist. Für den nächsten Dreierschlag wird der linke Fuß wieder zurückgeholt, er gibt unter dem Körper zwei Schläge und der rechte Fuß wird mit Hauptakzent vorgesetzt

Übung **8)** mit Pause   **9)** hintereinander

Achtung! Bleibe im Standbein so weit gebeugt, daß auch das vordere Bein mit senkrechtem Unterschenkel auf den Boden fallen kann.

Heben   Schlag unbelast.   Heben   Schlag belast.   Heben vor   Schlag vorn unbelast.   rückholen

5.) REDOBLES

Im Flamenco heißt jeder Akzent, der nicht nur ein einziger Schlag ist, »Redoble« - »Doppelschlag«, auch wenn es viel mehr als nur ein Doppelschlag ist. Zu den häufigsten Redobles gehören die beiden nachfolgenden. (**11** ist der gleiche Schritt wie 10, aber in Triolen geschrieben.)

Prinzipiell ist immer der letzte Schlag der lauteste. Für die Geschwindigkeit später ist es wichtig, den Fuß, der als nächster »dran« ist, so früh wie möglich zu heben, also fast schon, während der andere Fuß noch in der Luft ist. Warte auf keinen Fall während eines Redobles, bis der erste Fuß geruhsam abgesetzt ist – es kommt vor, daß beide Füße gleichzeitig in der Luft sind, der eine »noch«, der andere »schon« – ohne daß dabei gehüpft oder gehoppelt wird!

6) STANDBEIN - HACKEN (TACÓN)

Das Standbein-Hacken wird in den mittleren Notenzwischenraum, in die a-Linie geschrieben.

Aus der oben beschriebenen Haltung werden abwechselnd die Hacken gehoben, indem man das Knie vorschiebt und mit Kraft wieder auf den Boden setzt. Währenddessen geht das andere Knie bereits vor und der andere Hacken damit schon in Bereitschaftsstellung. Die Fußballen bleiben während dieser Übung wie festgeklebt am Boden.

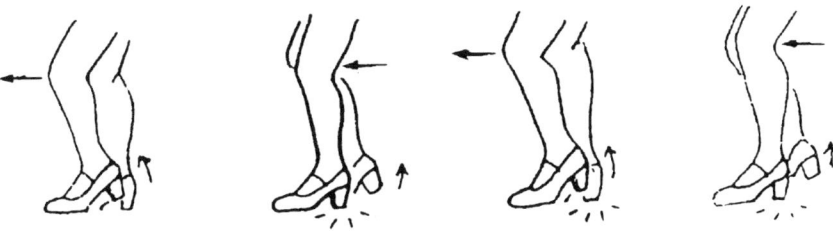

Wir machen beliebig lange jeweils die drei Übungen und jedesmal mit Crescendo und Decrescendo. Wenn Du merkst, daß Du die Beine verkrampfst, sofort aufhören und entspannen. Achte darauf, daß beim Decrescendo die Schläge zwar leiser, aber nicht langsamer werden; sie dürfen auch beim Crescendo nicht schneller werden, nur weil sie lauter werden!

falsch zu steil

7) Dreier mit Standbein-Hacken

Dieser Schritt ist technisch etwas schwieriger, daher sollte man frühzeitig anfangen, ihn zu üben.
A, a) Zuerst wird rechts gut gehoben und locker die ganze Sohle fallen gelassen. Den Schlag nicht zu laut geben!
b) Im Augenblick des rechten Sohlenschlags wird der linke Hacken gehoben (per Knie, s. o.), der Ballen bleibt am Boden kleben.
c) Der linke Hacken wird mit Kraft wieder auf den Boden geklappt, währenddessen wird bereits der rechte Hacken (per Knie, s. o.) gehoben.
d) Der rechte Hacken wird mit Kraft wieder auf den Boden geklappt, währenddessen geht bereits das linke Bein hoch (= Präparation für den Schritt auf der linken Seite).

Achtung! Achte darauf, daß sowohl die ganze Sohle (!) wie auch die Standbein-Hacken in der Lautstärke gleich kräftig kommen – wenn auch der Klang natürlich verschieden ist. Nur so bekommen wir später ein Perlen bzw. ein Surren wie von einer Nähmaschine hin, wenn die Schritte nicht durch zu starke Akzente untereinander geteilt werden.

-16-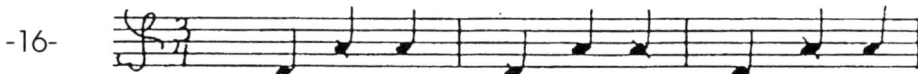

B) Wenn man den Schritt sehr sicher, sauber und gleichmäßig in der Lautstärke beherrscht, macht man den Schritt in der doppelten Geschwindigkeit, d. h. auf drei Zeiten zwei Schritte. Für den Tänzer verschiebt sich hierbei der Akzent von der rechten ganzen Sohle (bei 1) auf den rechten Standbein-Hacken (bei Taktzeit 3), wenn er mit rechts angefangen hat.
Auch aus diesem Grunde ist es so wichtig, wie oben erklärt, die Fußschläge alle gleich laut machen zu können, damit man frei ist, die Akzente dahin zu setzen, wo es einem beliebt.
Akzentverschiebungen dieser Art sind sehr üblich im Flamenco. Da es sich vom Tänzer her wie ein Gegenrhythmus (contratiempo) »anfühlt«, aber musikalisch kein echter Gegenrhythmus ist, haben wir diese Art Akzentverschiebung »Körpercontra« genannt.

Zur Erleichterung sind die Akzentzeichen (>) über die betonte Note gesetzt.

1	golpe rechts, sehr **betont**
+	Standbein-Hacken links, unbetont
2	Standbein-Hacken rechts, unbetont
+	golpe links, unbetont
3	Hacken rechts, **betont**
+	Hacken links, unbetont

-17-

C) Der gleiche Schritt, aber rhythmisch als Triolen:

-18-

8) Der getupfte Hacken (tacón)

Der getupfte Hacken ist nicht belastet; deshalb schreiben wir ihn in die h-Linie und nicht in den Zwischenraum. Wir lassen das gut gehobene Bein mit dem stark angewinkelten Fuß fallen und tupfen mit dem Hacken unmittelbar neben dem Standbeinfuß auf den Boden, ziehen das Bein sofort wieder hoch.

Achtung! Tupfe mit dem Hacken nicht vorwärts, d. h. neben den Zehen des Standbeinfußes oder sogar noch weiter vorne auf den Boden auf! Es muß direkt neben der Fußwölbung getupft werden.

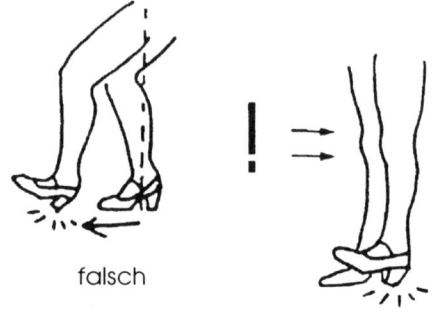

falsch

Falsch und sehr gesundheitsschädigend!
Die Knie müssen gebeugt bleiben

Zur Übung 8 x links und 8 x rechts tupfen, und das Spielbein wirklich »in der Luft spielen« lassen.

Achtung! Versuche nie und nimmer und auf keinen Fall, den »getupften« Hacken auf dem Boden zu lassen und Dich darauf auszuruhen. Zwei Füße zugleich auf dem Boden sind ein Luxus, den wir uns im Flamenco nicht leisten können! Ein getupfter Hacken ist nur dann wirklich ein getupfter Hacken, wenn er wie ein Tennisball abprallt vom Boden. Dies gilt auch für die späteren Übungen.

-19-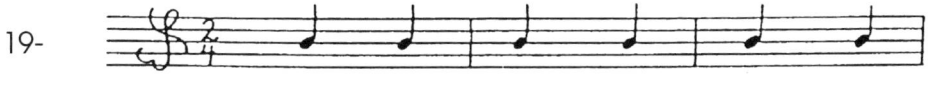

-20-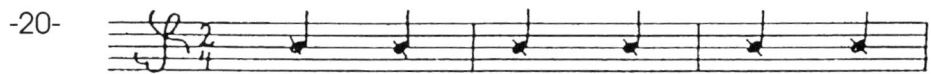

9) Ganze-Sohle-Dreier mit getupftem Hacken

a) Aus der Ausgangsstellung wird locker die ganze rechte Sohle fallen gelassen, (nicht zu laut).
b) Beim Aufschlag rechts wird das linke Bein gehoben!
c) Der linke Hacken wird neben dem rechten Fuß aufgetupft und gleich wieder gehoben; während des Hebens des linken Beines hebt sich bereits der Standbeinhacken rechts durch Vorschieben des Knies vom Boden ab.
d) Der rechte Standbeinhacken klappt mit Kraft auf den Boden; das linke Bein ist noch in der Luft als Präparation für die linke Seite.

Achtung! Dieser Dreierschritt beinhaltet zwei Hebungen! Laß 9 b) nicht unter den Tisch fallen, auch wenn sie schwerer fällt als 9 c).
Übung 21

-21-  u. s. w.

9 B) Dieselbe rhythmische Verschiebung bei diesem Schritt wie bei **7 B** – für Fortgeschrittene!
Übung 22

-22-  u. s. w.

9 C) Diesen Schritt in Triolen
Übung 23

-23-  u. s. w.

10) DER BALLEN (PLANTA)

Unkodifiziert wie der Flamenco ist, wird die Bezeichung »planta« auch manchmal statt »golpe« für die ganze Sohle gebraucht. Im allgemeinen – und da wir hier eine genaue Unterscheidung brauchen – steht »planta« für den ganzen vorderen Teil des Fußes, also der Ballen und die entspannt mit auf den Boden fallenden Zehen.
Bei alten Zigeunertänzern sieht man manchmal beim Schlag mit der Planta fast so was wie O-Füße.

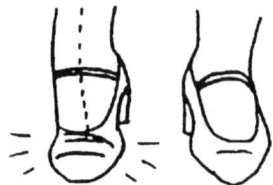 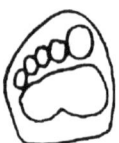

Dadurch wird der Ballen, der ja anatomisch etwas schräg verläuft, in seiner vollen Breite ausgenutzt. Versuche auch Du, aus einem lockeren Fußgelenk heraus die volle Breite des Vorderfußes mit gleichmäßiger Belastung vom großen bis zum kleinen Zeh zu erreichen.

falsch!

Versuche nicht, aufgrund eingelernter Ästhetizismen auf der Innenseite des Ballens zu stehen. Die Zehen krampfen sich dann nach oben, der Klang wird mickrig und flach, und bedingt durch die kleine Aufschlagsfläche wirst Du an dieser Stelle nicht nur die Sohlen bald durchtanzen, sondern auch die innere Hälfte Deines Fußballens. Der Klang einer guten Planta ist dumpf und geheimnisvoll, dabei aber auch »seco«, trocken.

10) A) Planta - tacón (Ballen - Hacken) (Zweier)

a) In der Ausgangsstellung mit den leicht gebeugten Knien das rechte Bein gut heben,
b) Die rechte Planta auf den Boden fallen lassen. Das Körpergewicht geht bereits nach rechts.
c) Das linke Bein wird gehoben, und währenddessen
d) klappt der rechte Standbeinhacken mit Kraft herunter.
Die Planta-Note schreiben wir in den untersten Zwischenraum des Notensystems. Der Bindebogen zeigt an, daß der Hacken herunterklappt, ohne daß die Planta nochmals abgehoben wird.
Übung **24, 25**

-24-
-25-

Achtung! Schon bei 1 wird das folgende Bein gehoben, nicht erst bei »+« oder gar später. Nur so haben wir später genügend Zeit, trotz hoher Geschwindigkeit die Beine ausreichend zu heben.
1) Bleibe sicher auf dem Ballen stehen und setze den Hacken sehr betont und rhythmisch exakt auf. 80 % aller Redobles fangen mit planta-tacón an, und wenn sie nicht sauber werden, liegt es zu 100 % daran, weil dieser so »einfache Schritt« unsauber ist: der Standbeinhacken klappt zu früh herunter.
2) Wenn Du das Gleichgewicht verlierst, dann fehlt die Spannung im Oberkörper.
3) Wenn die Planta statt eines dumpfen, trockenen »Blop« einen Schlurfer macht oder ein Schlurfen beigemischt ist, fällt der Fuß nicht exakt senkrecht auf den Boden; er kommt dann zu sehr von hinten nach vorn gerutscht.
4) Laß das Fußgelenk beweglich und federnd! Immerhin muß es das ganze Gewicht des Beines und eventuell noch Deines Körpers auffangen. Überdehne deshalb nicht den Spann.

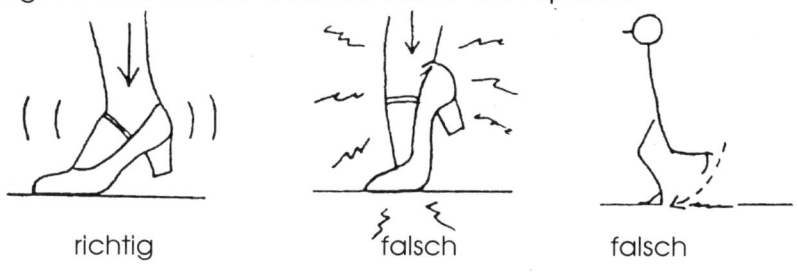

richtig   falsch   falsch

Komme andererseits auch nicht zu flach auf, Du hast sonst keinen Weg mehr, um Kraft für den Standbeinhacken zu haben, und die Gefahr, zu früh auf den Boden zu kommen, ist größer.

Erinnerung: 1) Wackele nicht hin und her und nicht rauf und runter mit dem Oberkörper. Wenn Du Dich im Spiegel ansiehst und dabei halb seekrank wirst, ist es falsch! Bleibe so ruhig wie nur irgend möglich mit dem Oberkörper, lasse die Beine alleine arbeiten.
2) Denk dran, daß die ganzen Beine (ab Hüftgelenk!) gehoben werden müssen, nicht nur die Unterschenkel.
3) Denk dran, daß die Beine stets mehr oder weniger stark gebeugt bleiben müssen.

10) B) Schritt-Arme-Kombination

1) 8 x Planta-tacón (Zweier-Schritt), Arme eingestützt
2) Auf 8 x Plata-tacón (Zweier-Schritt) wird ein Armkreis mit beiden Armen über außen gemacht wie in Teil I, 2 beschrieben.
3) Auf 4 x Zweier-Schritte Armkreis nur mit rechts über außen.
4) Auf 4 x Zweier-Schritte Armkreis mit links über außen.
5) Auf 8 x Zweier-Schritte Armkreis mit beiden Armen über innen.
6) Auf 4 x Zweier-Schritte Armkreis nur mit rechts über innen.
7) Auf 4 x Zweier-Schritte Armkreis mit links über innen.
8) Auf 4 x Zweier-Schritte Arme über innen runternehmen und einstützen (bzw. später Rock greifen)
9) Schritt über jeweils 8 Taktzeiten in doppelter
10) in vierfacher und
11) eventuell in achtfacher Geschwindigkeit ausführen.

11. Planta – tacón – tacón (Planta-Dreier)

A. Der Beginn ist wie beim Zweier:
1) a) In der Ausgangsstellung mit den leicht gebeugten Knien das rechte Bein gut heben.
b) Die rechte Planta auf den Boden fallen lassen, das Körpergewicht geht bereits nach rechts.
c) Das linke Bein wird schon gehoben.
d) Der rechte Standbeinhacken klappt mit Kraft herunter.

e) Mit dem linken Hacken tupfen wir unmittelbar neben dem rechten Fuß auf den Boden, (s. S. 80; 8 »getupfter Hacken«)
f) und schnellen sofort wieder hoch = Ausgangsstellung für die linke Seite.

Übung 26

-26- 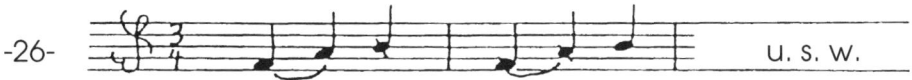 u. s. w.

2) Planta-Dreier in doppelter Geschwindigkeit mit Betonungsverschiebung (wie Übungen **17, 22.** Erklärungen: **7 B**.)
Übungen 27, 28

-27- u. s. w.

-28- u. s. w.

3) Planta-Dreier als Triolen:
Übung 29

-29-  u. s. w.

4) Schritt-Arm-Kombination wie bei 10) B)

12) Planta – tacón – tacón – tacón (Planta-Vierer)

A. a) In der Ausgangsstellung mit den leicht gebeugten Knien das rechte Bein gut heben.
b) Die rechte Planta auf den Boden fallen lassen, das Körpergewicht geht bereits nach rechts. (Zählzeit: 1)
c) Das linke Bein wird schon gehoben.
d) Der rechte Standbeinhacken klappt mit Kraft herunter. (Zählzeit: 2)

e) Der linke Hacken tupft neben dem rechten Fuß auf den Boden (Zählzeit: 3)
f) und schnellt sofort wieder hoch; dabei wird das rechte Knie vorgeschoben, damit sich der Standbeinhacken nochmals hebt,
g) und der Standbeinhacken klappt nochmals herunter (Zählzeit: 4), während das linke Bein in der Luft bleibt.

Übung **30**

B) *Dasselbe in doppelter Geschwindigkeit:*
Übung 31

C) *Dasselbe in vierfacher Geschwindigkeit als Quartolen*

Übung **32**

D) *Schritt-Arm-Kombination wie bei 10) B)*
Achtung! Auf keinen Fall jetzt den getupften Hacken auf dem Boden lassen, während der Standbeinhacken schlägt. Der getupfte Hacken muß wirklich nur getupft sein. Bei Balance-Schwierigkeiten: Spannung in den Oberkörper.

13) Punta – die Spitze

Die Note für die Spitze, die grundsätzlich unbelastet ist, schreiben wir in die d-Linie. Die spanischen Originalschuhe haben eine extra verstärkte Kappe dafür, können daher auch nicht allzusehr mit der Mode mitgehen, da ihre Form durch die Zweckmäßigkeit bestimmt ist.

Die Spitze muß völlig senkrecht auf den Boden stoßen, dafür werden die Zehen im Schuh gegen die Sohle gepreßt.

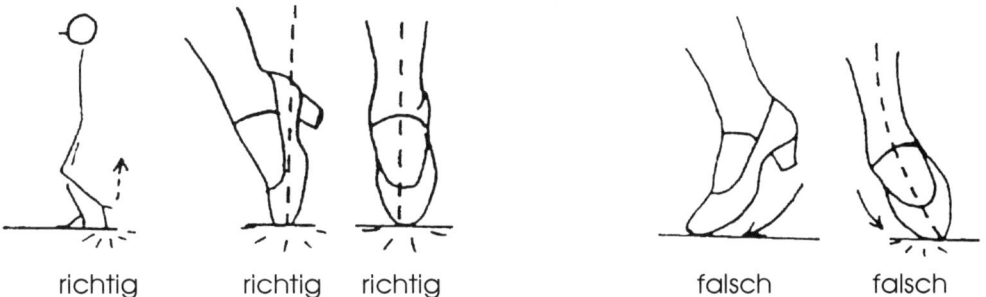

richtig   richtig   richtig   falsch   falsch

Achtung! Keine »halbabgerutschte Planta« machen! Es gibt im Flamenco nur: Punta oder Planta, nichts dazwischen. Setze den Fuß, der mit der Spitze tupft, auch nur gerade so weit nach hinten, wie unbedingt nötig, also etwa hinter den Hacken des Standbeines. **Und versuche nie, Dich auf der Spitze abzustützen!!**

falsch   falsch

Der Fuß geht sofort nach dem Tupfer wieder in die Luft.

a) *Vorbereitende Übung 33*

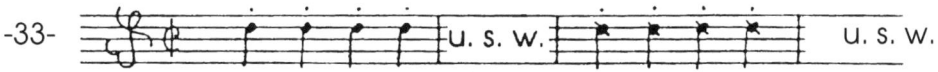

b) Achte besonders auf das Heben der Spitze bei der nächsten vorbereitenden Übung (das Körpergewicht ruht nur auf der Planta):

Vorbereitende Übung: 34

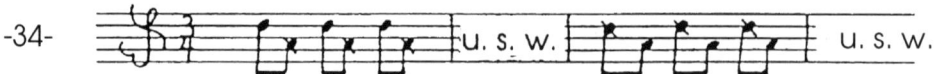

c) Für das Lockern des Fußgelenkes ist die nächste Übung bestimmt, nicht vergessen, daß das ganze Bein sich aus dem Hüftgelenk heraus bewegt. (»Spiel«!-bein)
Vorbereitende Übung: 35

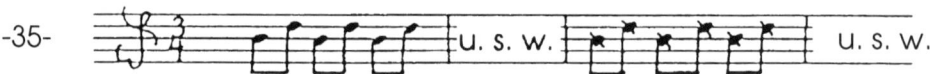

d) Als Lockerungs- und Balance-Übung: 36

Achtung! Erinnere Dich, daß das Heben des Standbeinhackens durch Vorschieben des Knies bewirkt wird! Komm nicht ins Auf- und Niederwippen. Andererseits macht das Spielbein schöne hohe Bogen:

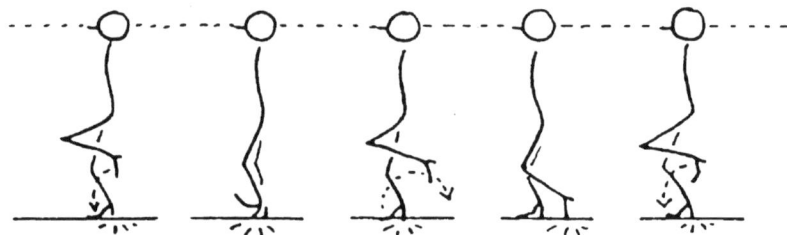

e) Punta gekreuzt: Wird die Punta über den anderen Fuß gekreuzt, erhält der Notenhals ein

vor   rück

Geht der Fuß wieder in seine Ausgangsstellung zurück, erscheint ein Auflösungszeichen:

♮ ♩

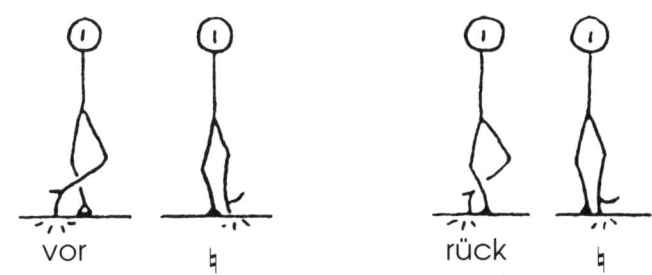

Vorbereitende Übungen:

37) ran (♮) – vor, ran (♮) – vor
38) ran (♮) – vor, ran (♮) – (rück)
39) mit Standbeinhacken zusätzlich

14) Planta-Sechser: planta – tacón – tacón – tacón – punta – tacón

A 1a) In der Ausgangstellung mit den leicht gebeugten Knien das rechte Bein gut heben
b) Die rechte Planta auf den Boden fallen lassen, das Körpergewicht geht bereits nach rechts (Zählzeit: 1)
c) Das linke Bein wird schon gehoben.
d) Der rechte Standbeinhacken klappt mit Kraft herunter (Zählzeit: 2)
e) Der linke Hacken tupft neben dem rechten Fuß auf den Boden (Zählzeit: 3)

f) und schnellt sofort wieder hoch, dabei wird das rechte Knie vorgeschoben, damit sich der Standbeinhacken nochmals hebt.
g) Der rechte Standbeinhacken klappt nochmals herunter (Zählzeit: 4)
h) Die linke Spitze schlägt auf (Zählzeit: 5) und wird sofort wieder gehoben, gleichzeitig wird das rechte Knie nochmals vorgeschoben, um den Standbeinhacken zu heben.
i) Der rechte Standbeinhacken klappt zum dritten Mal mit Kraft herunter (Zählzeit: 6), während das linke Bein in Bereitschaft für die andere Seite in der Luft bleibt.

Übung **40**

B) In doppelter Geschwindigkeit:

Übung **41**

Schritt-Arme-Kombination
1) 8 x Sechser mit eingestützten Armen, beim 8. mal Arme heben
2) 4 x Sechser mit Kreis beider Arme über außen
3) 2 x Sechser mit Armkreis rechts über außen
4) 2 x Sechser mit Armkreis links über außen
5) 4 x Sechser mit Kreis beider Arme über innen
6) 2 x Sechser mit Armkreis rechts über innen
7) 2 x Sechser mit Armkreis links über innen
8) 2 x Sechser Arme runternehmen und einstützen bzw. den Rock greifen
9) beliebig viele Sechser in doppelter Geschwindigkeit

C) Sechser im Vorwärtsgehen »umgekehrt«: Zuerst tupft hinten die Spitze auf, dann der getupfte Hacken neben dem Standbeinfuß, dann die Planta knapp vor dem Standbeinfuß.

Übung **42**

Weitere Kombinationen, die aber nicht mehr so grundlegend sind:

Übung: **»Achter«**

Übung: **»Zwölfer«**

3. Teil
Palmas (Händeklatschen)

Wir unterscheiden erst einmal ganz grob in palmas sordas (dumpfes Klatschen) und palmas claras (helles Klatschen).
Die Note für palmas sordas schreiben wir in die oberste Notenlinie, die Note für palmas claras auf die oberste Notenlinie. Die »sordas« werden gebraucht sowohl von den Flamencosängern wie von den Flamencotänzern für das berühmte »ensimismarse«, das »In-sich-selbst-versenken« und Einswerden mit dem Rhythmus. Sie sind zu Beginn der großen, ernsten oder melancholischen Gesänge und Tänze fast unhörbar leise, mehr für den »eigenen Gebrauch« bestimmt. Die sordas können in der Lautstärke gesteigert werden, bis sie übergehen in die »claras«, bei denen bei richtiger Technik mit einem Minimum an Kraftaufwand ein Maximum an Lärm erreicht werden kann. Oft werden sordas und claras abwechselnd verwendet: Während des Gesanges sordas, um die Stimme des Sängers nicht zu überdecken, und während der Gesangspausen claras als konzertantes Element und um evt. dem Tänzer noch mehr rhythmischen Rückhalt zu geben, während dieser seine Fußpercussion ausführt. Auf jeden Fall sind mehr oder weniger konzertant-virtuos beherrschte palmas ein unabdingbares »Muß« für jeden, der sich mit Flamenco abgibt, sei er Sänger, Tänzer oder auch nur »aktiver Zuhörer«, und auch die Gitarristen müssen palmas können, um einen Tänzer begleiten zu können, wenn dieser »a palo seco«, d. h. ohne Gitarrenbegleitung tanzt.

A) Palmas sordas

Die Hände sind gespreizt und leicht hohl gewölbt, sie sind zueinander etwa um 90° verdreht, sodaß der Mittelfinger der einen Hand in die Lücke zwischen Zeigefinger und Daumen der anderen Hand trifft.

Preßt man nun die beiden hohl gewölbten Handflächen aufeinander, gibt es ein saftig-dumpfes Geräusch, die Handflächen saugen sich etwas aneinander. Nimmt man die Hände wieder auseinander, gibt es ein leicht schnalzendes Geräusch (das aber bei unseren Übungen nicht weiter berücksichtigt wird). Dieses Schnalzen zeigt uns, daß unsere Technik richtig war.

B) Palmas claras

Diese sind etwas schwieriger: In die Handflächen der gespannten rechten Hand, in der Zeige-, Mittel- und Ringfinger zusammenliegen und nur der kleine Finger abgespreizt wird, werden drei Finger der ebenfalls gespannten linken Hand geschlagen (der kleine Finger ist auch hier abgespreizt), und zwar so, daß der Mittelfinger längs dem Daumenballen der rechten Hand in der Wölbung liegt und mit der Fingerbeere in die Ansatzkuhle von Zeige- und Mittelfinger der rechten Hand zu liegen kommt. (Es ist übrigens egal, ob man rechts in links schlägt oder umgekehrt.)

Lage des linken Mittelfingers in der rechten Hand

Sei nicht bekümmert, wenn die erste Zeit bei Deinen Klatschversuchen nur ein klägliches »pitsch-pitsch« zu hören ist. Irgendwann wird einmal ganz zufällig ein Knall wie von einem Gewehrschuß zu hören sein. Dieses Knallen wird sich vermehren und schließlich ganz von Dir beherrscht werden können. Weiche bitte nicht aus Bequemlichkeit auf Dein übliches Theaterklatschen aus. Du wirst keinen Abend auf diese Weise voll durchklatschen können: Deine Hände werden dick und rot werden und werden entsetzlich weh tun, und doch wirst Du nie die richtige Lautstärke und Geschwindigkeit erreichen können mit der falschen Technik. Wir wollen nicht »batsch-batsch« machen, sondern ein sehr hartes, trockenes »klack-klack«, das in seinem leisen Zustand so klingt, als wenn man Holzstäbchen aneinander schlägt, und sich allmählich in der Lautstärke bis zum oben erwähnten Gewehrschuß steigern kann.

C) RHYTHMIK DER PALMAS

Palmas werden, wie eingangs schon erwähnt, als konzertantes, zusätzliches Percussionsinstrument eingesetzt im Flamenco. Häufig wird die eigentliche musikalische Betonung ausgelassen und die unbetonten Zeiten geschlagen.

Für uns als Tänzer sind vor allem die »contras« interessant; d. h. also, da, wo unsere Füße schweigen, wird geklatscht. Es wird sozusagen ein Klangteppich gewebt, und nicht eine dicke Wurst mit nichts drumherum präsentiert, indem Fuß- und Handschlag aufeinanderliegen.

Alle folgenden Übungen sollen sowohl mit sordas wie mit claras ausgeführt werden.

1) Stelle Dir vor, alles geht aus dem Körpermittelpunkt weg: das angezogenen Bein, das den Schlag gibt, und die Hände, die zusammenliegen und jetzt wie bei einer Kasperpuppe auseinanderfliegen. Du »explodierst« sozusagen, und ziehst dann alles wieder in der Mitte zusammen:

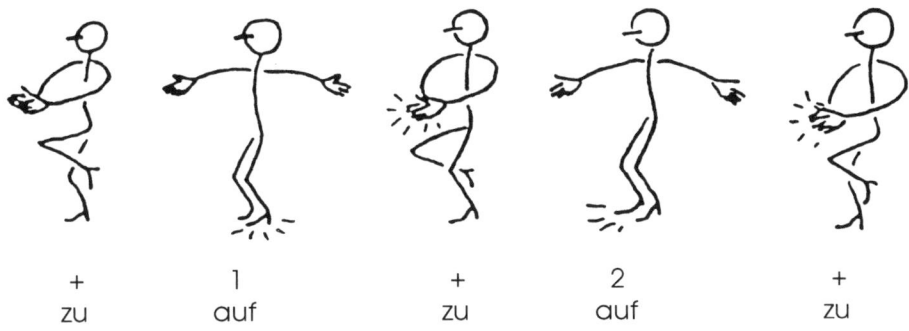

+	1	+	2	+
zu	auf	zu	auf	zu

Oder stelle Dir vor, daß die Hände außen an Gongs schlagen und einen Ton geben. Es geht also abwechselnd:

golpe – palma – golpe – palma.

Übung 45

2) Wie als Kind beim Ballspielen jetzt mit einem Doppelklatscher:

golpe – doppelpalma – golpe – doppelpalma

Übung **46**

-46-

3) **Kombination** von 1 und 2:

golpe - doppelpalma - golpe - palma

Übung **47**

-47-

4) »**Hohles Kontra**« (für rhythmisch Fortgeschrittene!)

Übung **48**

-48-

D) Buleríaschritt mit Palmas

Als nächstes machen wir einen Schritt, der sehr häufig in Bulerías, aber auch in Alegrías, Cantiñas etc. vorkommt. Dort wird er meist ausgeführt, indem man einen Kreis läuft; zur Übung machen wir den Schritt im Kreis und zwar sowohl links- als auch rechtsherum, oder in einer Diagonale durch den Saal.

Ausgangsstellung: Der Kopf ist in Laufrichtung nach rechts, die rechte Fußspitze zeigt ebenfalls nach rechts, der linke Fuß steht fast rechtwinklig dazu. Die Arme sind locker gehoben (nicht den Busen einquetschen, aber auch nicht die Ellenbogen extrem nach außen winkeln), die Hände sind in Kopfhöhe in der Nähe des linken Ohres. (Nicht zu nah ... !) Die Körperfront ist längs der Diagonale, das rechte Schulterblatt wird nach hinten gezogen, der rechte Arm liegt also mit etwas Abstand quer über der Brust, so daß die Andeutung einer Schraube entsteht. Unter dem linken

Schulterblatt etwas eindrücken, damit wir die »lange Seite« des Körpers im Fahrtwind haben.

Die Einzelteile:

A) Der kurze Schritt:

1) rechts Schritt mit ganzer Sohle mit leichtem Akzent (Zählzeit 1), der linke Fuß wird nachgezogen (Zählzeit 2), nach Belieben auf der planta oder dem ganzen Fuß, aber ohne Akzent und ohne Schlurfen.

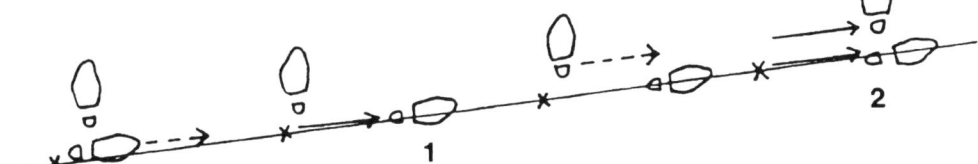

2) Jedesmal, wenn der linke Fuß den Boden berührt, klatschen wir

Übung **49**

3) Jedesmal, wenn **ein Fuß in der Luft ist,** klatschen wir:

Unbetonte Schritte schreiben wir mit einer hohlen eckigen Note in den entsprechenden Notenraum, halbbetonte sind halbgefüllt.

Übung 50

B) DER LANGE SCHRITT

1) rechts Schritt mit ganzer Sohle mit halbem Akzent. (Zählzeit 1)
2) Der linke Fuß wird nachgezogen und tupft mit der Planta neben dem rechten Fuß auf. (Zählzeit 2)
3) Der linke Fuß wird abgesetzt; d. h. es kann einfach der Hacken runtergeklappt werden, oder besser, wie die Zigeuner es machen, die linke Planta wird noch einmal gehoben und dann die ganze Sohle aufgesetzt. (Zählzeit 3). Die zweite Art hat den Vorteil, daß man auch evt. größere Strecken elegant bewältigen kann.
Es geht also:

a) Jedesmal, wenn der **linke Fuß den Boden berührt,** klatschen wir

Übung 51

b) Jedesmal, wenn ein Fuß in der Luft ist, klatschen wir.
Übung **52**

-52-

C) Die Tanzkombination

a) Wir machen zwei lange Schritte und drei kurze und zählen dabei auf spanische Art:

1	2	3 /	1	2	3 /	1	2 /	1	2 /	1	2 /
	↑			↑	↑		↑		↑		↑
	Kl.			Kl.	Kl.		Kl.		Kl.		Kl.

dabei klatschen wir jedesmal, wenn der linke Fuß den Boden berührt.

Übung **53) 54)**

Achte darauf, daß Du wirklich **drei** kurze Schritte machst und nicht etwa einen wegläßt!

b) Wir machen zwei lange Schritte und drei kurze und zählen dabei auf spanische Art:

$$1 + 2 + 3 + / 1 + 2 + 3 + / 1 + 2 + / 1 + 2 + / 1 + 2 + /$$

Bei + wird jedesmal geklatscht.

Übung **55) 56)**

-55-

-56-  u. s. w.

Freilich kann auch auf die musikalisch exakte Art gezählt werden, wobei man mit 6/8-Takt und 3/4-Takt abwechselt:

$$\underbrace{1 + 2 + 3 + / 4 + 5 + 6 +}_{\text{6/8-Takt}} \quad / \quad \underbrace{1 + 2 + / 3 + 4 + / 5 + 6 + /}_{\text{3/4-Takt}}$$

Sehr typisch für den Flamenco ist die Zählweise bis 12 (Soleares, Alegrías, z. T. Bulerías etc.)

$$1 + 2 + \underline{3} + / 4 + 5 + \underline{6} + / 7 + \underline{8} + / 9 + \underline{10} + / 11 + \underline{12} + /$$

(mit Akzenten > über 3, 6, 8, 10, 12)

Es gibt also viele Zählmöglichkeiten; die Hauptsache ist jedoch, Du bleibst im Takt und läßt nichts unter den Tisch fallen. Übe ganz gleichmäßig und nur so schnell wie die langsamste Stelle geht! Die Geschwindigkeit kommt nachher von selbst; rhythmische Unrichtigkeiten hingegen sind eine Todsünde im Flamenco!

Alle Schritte sollten zur Übung auch zur anderen Seite gemacht werden.

4. Teil
ÜBUNGEN FÜR DEN ROCK

Erst wenn ein Tanz fertig und ziemlich sicher ist, ist es sinnvoll, mit einem Originalrock zu arbeiten. Andererseits ist es ein unbedingtes Muß, sich mit dem schweren Rock, der eine besondere Technik erfordert, vertraut zu machen und ihn absolut sicher im Griff zu haben, ehe man damit auf die Bühne geht. Ich habe Anfänger auf der Bühne gesehen, die offenbar das erste Mal ein Originalkleid anhatten und nur behindert wurden dadurch, und ich habe Professionelle mit Kleidern einer neuen Mode auf der Bühne gesehen, mit denen sie ganz offensichtlich nicht eingearbeitet waren und ebenso behindert wurden.

Das, was manchen (manche) dazu bewogen haben mag, Flamenco zu tanzen – »ich ziehe ein tolles Kleid an und tanze damit und sehe gut aus« – erweist sich, wie alles im Flamenco, als recht schwierig, bedarf längerer Übungszeit und ist, neben weiterer Koordinationsschwierigkeit, zum Teil auch reine Knochenarbeit.

Ein normales »kurzes« Kleid – d. h. also knöchellang und keine Schleppe – wiegt zwischen 2 und 3 Kilo. Das Hauptgewicht findet sich am Saum durch die Weite und die Volants; das bedeutet für uns ein vergrößertes Zentrifugalgewicht.

Der Rock darf für eine Tänzerin nie länger als bis zum Knöchel sein. Da wir nachher in die Knie gehen, kommt der Rock ohnehin tiefer. Ist er zu lang, treten wir uns dann vorne auf den Saum.

Ein Tellerrock ist selten, er wird einfach zu schwer. Meist ist es ein Glockenrock, manchmal noch unten mit eingesetzten Keilen. Die Volants sind fast immer ringförmig geschnitten, damit keine »Taschen« entstehen, in die man mit dem Fuß hineingeraten und stolpern kann. Die Anzahl der Volants, deren Breite und deren Besatz sind der Mode unterworfen und für uns jetzt unerheblich. Wichtig für uns ist, daß wir uns daran gewöhnen, mit mehreren Kilo um die Beine elegant fertig zu werden und den Anschein zu erwecken, der Rock tanze von selbst.

A) DAS GREIFEN DES ROCKES

Die Hände/Arme
Grundsätzlich wird der Rock so gegriffen, daß der Daumen hinten ist und die vier Finger vorn.

richtig   falsch

Der Grund ist leicht einzusehen: Ist der Daumen hinten und die vier Finger vorn, ist automatisch auch der Ellbogen da, wo er hingehört – nämlich oben. Außerdem haben wir dann im Handgelenk völlige Bewegungsfreiheit.

Greifen wir den Rock aber falsch – mit Daumen nach vorn – sacken die Ellbogen nach unten, werden womöglich an den Körper geklemmt, das Handgelenk ist blockiert. –

Gewöhne Dir an, den Rock wirklich fest zu greifen mit der ganzen Hand. Nur der kleine Finger darf eventuell mal abgespreizt werden, meist ist es jedoch besser, es zu unterlassen. Greife um Gotteswillen nicht so zimperlich mit zwei Fingern zu! Flamenco ist was, was ins volle Menschenleben greift – und außerdem mußt Du den vielen Stoff fest im Griff haben. Du sollst ihn ja nicht nur zierlich halten, sondern massiv bewegen.

Die Hände sind in Bereitschaftsstellung, der unterste Volant, den wir greifen wollen, hängt ganz unten. Wie kommen nun beide zueinander? Die unelegantste Methode (man sieht sie leider manchmal) ist die, sich nach vorn zu bücken und den Rock zu grapschen.

scheußlich!

1) Rock heben mit Knie

Eine häufige und attraktive Art, den Volant in die Hand zu bekommen, ist die, daß man einen Oberschenkel scharf und abrupt nach oben zieht. Gleichzeitig schnellt der Arm vor – oder er kommt gerade aus einer Bewegung – und ergreift den Rock am Ansatz des untersten Volants. Während dieser Bewegung muß das Standbein gebeugt sein und gebeugt bleiben. Erstens ist die Oberschenkelbewegung viel leichter auszuführen, zweitens fliegt der Rock besser und drittens haben wir einen sehr sicheren Stand, was nötig ist, wenn uns nun der hintere Teil des Volants in vollem Schwung von hinten gegen das Standbein klatscht.

richtig   falsch
(Vergl. Übung »**Oberschenkel**« G, 1.)

Hierbei muß Dir der Rock bis an die Stirn klatschen. – (Vorsicht bei Brillen und Kontaktlinsen). Wenn Du ihn nicht schon vorher mit dem richtig gehaltenen Arm / der richtig gehaltenen Hand abfängst.

Achtung! Nimm nicht »Anlauf« mit dem Bein, das den Rock hochschwingen soll und krümme Dich dann etwa noch über dem Knie zusammen! Es darf auf keinen Fall angestrengt aussehen – als würdest Du unter Stöhnen eine schwere Last heben! Der Rock muß »wie von selber fliegen«; was wir dafür arbeiten müssen, geht die Zuschauer nichts an!

2) Rock heben mit Unterschenkel

a, Eine seltenere Art, den Rock zu greifen. Der rechte Unterschenkel schlägt kurz aus und man benutzt das kurze Hochkommen des Volants, ihn hinter dem Körper zu greifen.
b, Weniger spektakulär wie die erste Art; ist mehr für ein unauffälliges Greifen geeignet, wenn man z. B. den Kopf nicht mitdreht.

a. auffälliger   b. wenig auffällig

3) Das »Krabbeln«

Diese Art kann von beiden Händen aus dem Stand ausgeführt werden oder von einer Hand in Kombination zu einer der ersten beiden Arten.

Man greift mit beiden Händen seitlich an den Rock und »krabbelt« sich flink und unauffällig bis zum Ansatz des letzten Volants vor.
Achtung! Greife mit den Händen den Rock nie zu nahe beieinander! Dann stehst Du nämlich plötzlich im Freien.

richtig   falsch   falsch   praktisch, aber unschön

Am besten ist es, falls Du den Rock mit zwei Händen greifst, zwei fast gleiche Hälften für vorn und für hinten zu haben – hinten ein kleines bißchen mehr als vorn. So kann der Rock zwar fliegen und mal einen Oberschenkel »blitzen« lassen, es fällt aber sofort wieder Stoff drüber. Das ist nicht nur ästhetischer als nackte Beine (Knie und Oberschenkel bei der Fußarbeit anzusehen, ist kein Genuß!), es ist auch viel erotischer. Auf die zurückhaltende, alle Möglichkeiten offenlassende Art.

Wenn Du Methode **3** mit Methode **1** kombinierst, krabbele also etwas hinter der Seitennaht den Rock herunter, wenn Du Methode **3** mit Methode **2** kombinieren willst, krabbele mit der linken Hand über den linken Oberschenkel.

4) Eine ebenfalls sehr elegante Lösung ist, während einer Drehung den Rock im Schwung abzufangen, vornehmlich auf der dem Publikum abgewendeten Seite.

B) Positionen für den Rock

Während der Fußarbeit wird der Rock überwiegend mit beiden Händen gehalten. Die Rockbewegungen sind auf wenige Akzente oder unauffällige Positionswechsel reduziert, da sie in diesem Falle die Fußarbeit unterstreichen, ihr aber nicht »die Show stehlen« sollen.

Pos. 1   Pos. 2   Pos. 3   Pos. 4

Pos. 1: Mit beiden Händen in Entfernung zum Körper
Pos. 2: Mit beiden Händen an den Hüftknochen.
Pos. 3 und **4**: Eine Hand am Hüftknochen, eine Hand in Entfernung vom Körper
Pos. 5 und **6**: Eine Hand ist vorn und etwas tiefer, die andere Hand ist hinten und etwas höher.

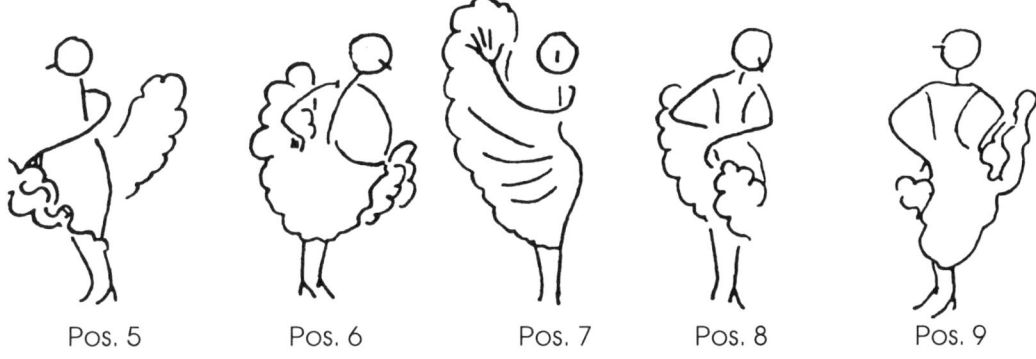

Pos. 5   Pos. 6   Pos. 7   Pos. 8   Pos. 9

Pos. 7: Diese Stellung ist mit einem normalen Rock heute sehr selten, sie stammt aus dem Arbeiten mit der Schleppe.
Pos. 8 und **9**: Eine sehr häufige Position bei der Fußarbeit. Die eine Hand liegt mit dem Daumen oberhalb des Hüftknochens seitlich, die andere etwas unter dem Nabel in der Mitte vorn. Der Wechsel von der einen zur anderen Seite ist meist sehr abrupt und geht mit sehr scharfen kleinen Kopfwendungen einher.

C) Bewegungen mit dem Rock

Bewegungen mit dem Rock werden, außer den oben angegebenen Positionswechseln, meist nur mit einer Hand ausgeführt, während der andere Arm freie Bewegungen und Handdrehungen ausführt. Der Rock ist natürlich dann auch viel freier und hat, nur an einem Punkt fixiert, ein größeres Schwingungsvermögen.

Faustregel: Laß den Stoff ausschwingen – was freilich im Takt geschehen muß. »Vergewaltige« den Volant nicht, würge die Bewegung des Stoffes nicht mittendrin ab. Versuche deshalb, auf Rundungen oder »Achten« zu kommen in der Bewegung und Ecken zu vermeiden.

Empfohlene Musik für alle Rockübungen: Tangos canasteros oder Rumbas flamencas.

1. Übung: Greife den Rock nach Methode 1. Schwinge den Rock im Bogen vor dem Bauch mit dem linken Arm, und zwar unten von links nach rechts und oben zurück von rechts nach links.

Auf der linken Seite den Arm sinken lassen und hinter dem Rücken von unten von links nach rechts schwingen und oben von rechts nach links wieder zurück, während die Volants Dir über den Hinterkopf streifen. Linken Arm an der Seite wieder sinken lassen und Übung von vorn beginnen. Es entsteht also eine etwas krumme »Acht«. Das Handgelenk hilft mit, daß die Rundungen schön rund werden und keine Ecken bekommen. Der Kreis hinterm Rücken muß etwas größer sein als vor dem Bauch. Schwinge im Takt! Du wirst bereits merken, was für eine gewaltige Anstrengung es bedeutet, mit dem Rock zu arbeiten. Ebenfalls mit dem rechten Arm üben.

Den freien Arm kannst Du über den Kopf halten und die Hand drehen.

2. Übung: Den Rock nach Methode 1 greifen, mit dem linken Arm etwas bis in Magen-/Brusthöhe vorschwingen, wobei die Handfläche nach hinten zeigt, in einer kleinen Kurve aus dem Handgelenk, wobei die Handfläche nach oben gedreht wird, die Richtung wechseln und im Halbkreis über unten nach hinten schwingen, in einer kleinen Kurve aus dem Handgelenk in Kreuzhöhe die Richtung wechseln und im Halbkreis über unten wieder nach vorne schwingen.

Der freie Arm macht die gleiche Bewegung, so daß vorne die Handrücken fast zusammenstoßen und hinten (natürlich etwas weiter voneinander entfernt) die Unterkanten der Hände.

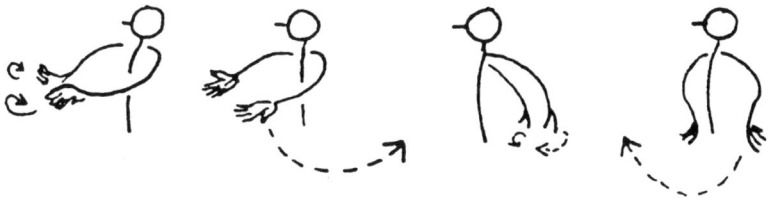

3. Übung: Greife den Rock links nach Methode 1. Mache einen Kreis über unten nach links hinten (stark aus dem Handgelenk nachhelfen!), die Volants müssen bis an den Hinterkopf klatschen, nun den Arm wieder nach vorn bis zum linken Oberschenkel (mit Abstand) und laß den Stoff von selbst zurückfallen. Während Du den Rockkreis machst, den Kopf scharf nach links drehen und wieder nach vorn nehmen.

1 +   2 +

4. Übung: »EL BARCO« (das Boot)
Mit beiden Händen greifen: Rechts nach Methode 1, links nach Methode 2, Hände im Abstand vom Körper lassen.

Jetzt den Rock wie ein Schiff ins Schaukeln bringen und mit dem Oberkörper leicht mitgehen. Und Spaß dran haben! Dies ist eine höchst vergnügliche Bewegung für fröhliche Tänze wie z. B. Rumbas und Bulerías.

D) Das Wechseln des Rockes von einer zur andren Hand.

1. Übung:
1) Den Rock rechts nach Methode 1 hochnehmen, die linke Hand bleibt frei.
2) Den Rock nach hinten auf den Rücken führen.
3) Den Rock nach vorne führen und unauffällig im Schwung in die linke Hand umwechseln.
4) Die linke Hand führt nun ihrerseits den Rock auf den Rücken,
5) führt den Rock wieder nach vorne und übergibt ihn im Schwung unauffällig an die rechte Hand.

Der Rock muß in einem Zug von der rechten Rückenseite bis zur linken Rückenseite und umgekehrt schwingen, ohne daß durch den Handwechsel ein »Bahnhof« entsteht!
Die Arm- und Handbewegungen sind die gleichen wie bei C 2.

2. Übung:

1) Rock mit der rechten Hand hinten über den Rücken werfen, mit der linken Hand hinter dem Rücken unauffällig festhalten,
2) mit dem rechten Arm einen ganzen Armkreis nach außen über oben bis unten machen, bis wieder in die Nähe der linken Hand,
3) den Rock wieder der rechten Hand zuwerfen
4) der rechte Arm führt im Bogen, weit vom Körper weg, den Rock nach vorne bis zum linken Hüftknochen
5) die linke Hand (Fingerknöchel liegen auf dem Hüftknochen!) hält in dieser Position den Rock fest,
6) mit dem rechten Arm einen Armkreis über außen machen bis zum linken Hüftknochen
7) den Rock »abholen« (links läßt unauffällig los)
8) mit dem rechten Arm im weiten Bogen den Rock nach hinten führen ...
 ... und Übung wiederholen.

TANZNOTEN-ÜBERSICHT

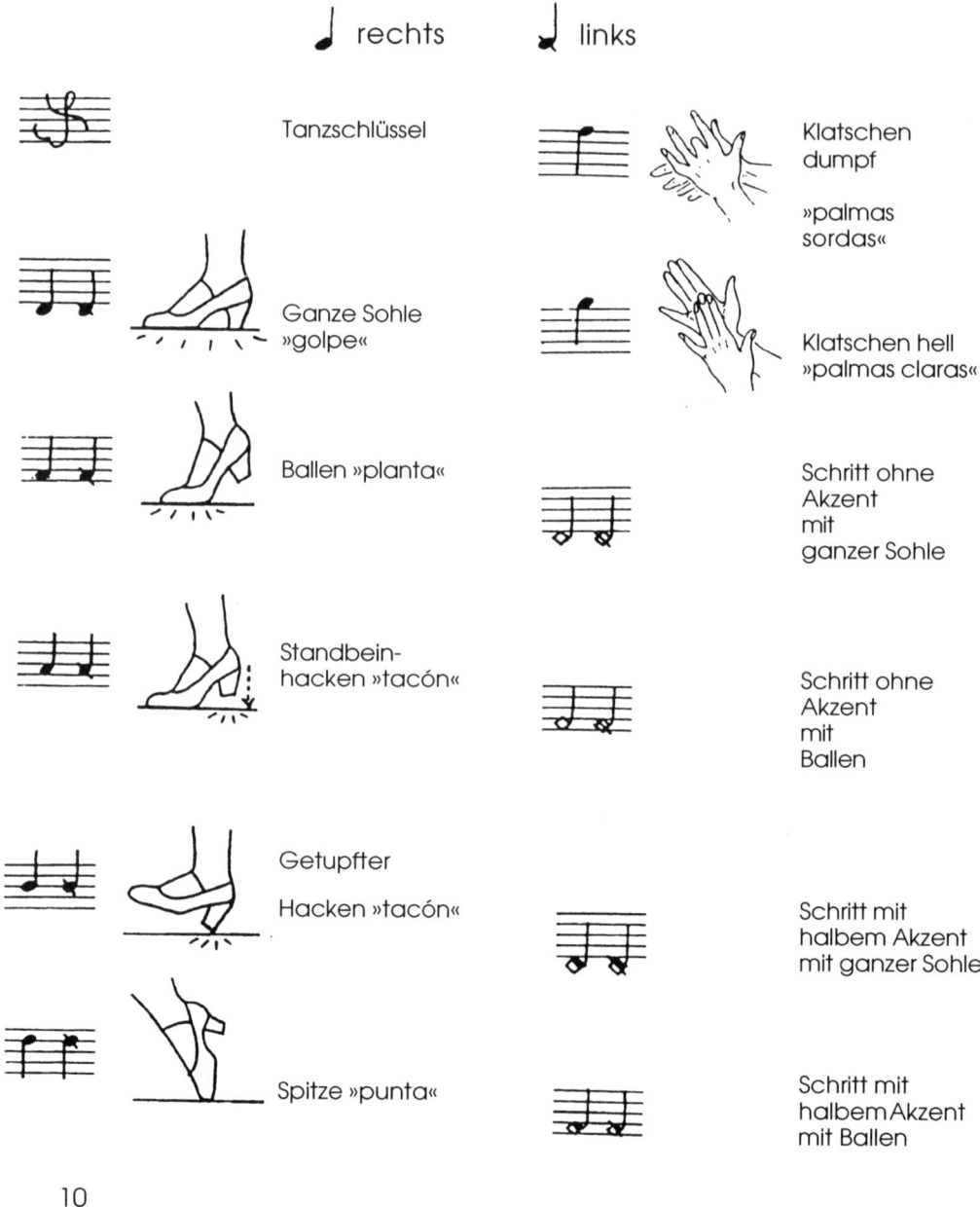

ZUSAMMENFASSUNG DER FUSSÜBUNGEN

10 Redoble einf. Sohle

11

12 Redoble Doppelsohle

13 Standbein-hacken

14

15

16 Standbein-hacken-Dreier

17

18

19 Hacken getupft

20

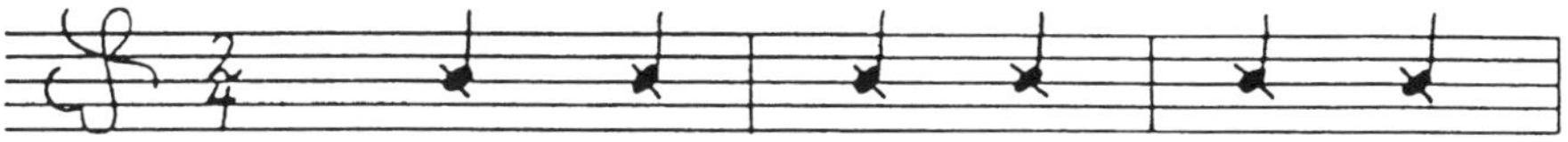

21 Sohlen-Dreier mit Hackentupf

22

23

24 Planta-zweier

25

26 Planta-Dreier

27

28

29

40 Planta-Sechser

41

42 Planta-Sechser vorw.

43

44

45 Golpe-palmas

46

47

48

49

113

Über die Autorin

Adela, deutsch-spanischer Abstammung, hatte mit fünf Jahren bereits ihre erste intensive Begegnung mit dem künstlerischen Tanz. Mit sieben steht für sie fest: Ich werde Tänzerin! Mit fünfzehn weiß sie, daß der Flamencotanz ihr Ausdrucksmittel sein wird.

Nach dem Willen der Familie Abitur und Romanistik-Germanistikstudium in München und Berlin, Abschluß mit dem ersten Staatsexamen. Während der Studienzeit ausgedehnte Studienaufenthalte in Spanien und Ausbildung bei vielen Flamencolehrern. Entscheidende Impulse von Enrique el Cojo, Matilde Coral, Mario Maya, Manolo Marín in Sevilla und Ciro in Madrid, u. a. m.

1977 Teilnahme am »Concurso Nacional de Flamenco« in Córdoba, erreicht als bislang einzige Ausländerin auf Anhieb den dritten Platz. Auftritte im Gran Teatro, im »Zoco«, bei Festivales und im spanischen Fernsehen.

1973 Gründung der ersten Spezialschule für Flamencotanz in Deutschland. Mit der aus dieser Schule hervorgegangenen Tanzgruppe tritt Adela u. a. im Internationalen Congress Centrum (ICC) Berlin auf, in der Kongresshalle, im Tempodrom, und im ARD bei Thomas Gottschalk.

Freie Mitarbeit an der Deutschen Oper Berlin, Soloauftritte in der Akademie der Künste, in der Urania, in der Philharmonie und im WWF Köln.

Produktionen: »Tänze der Landschaften« und »Rondo Flamenco«, ein tänzerisch-literarischer Abend, der dem Publikum durch die deutsche Rezitation der Flamenco-Liedertexte in Verbindung mit der Musik und dem dazugehörigen Tanz einen Eindruck von der ungeheuren Vielfalt der Flamencokunst gibt. Dieser Abend lief über längere Zeit im »Kleinen Theater« in Berlin, wurde in Stuttgart in der Sparkassenhalle, in Augsburg in der Komödie und auszugsweise in Wien im Metropol gezeigt.

Neben den eigenen Auftritten ist Adela die Didaktik sehr wichtig. Aus vierzehnjähriger Erfahrung heraus hat sie ein Lehrbuch des Falmencotanzes geschrieben, wobei, wie in ihrem Unterricht, größter Wert auf anatomisch korrektes Arbeiten gelegt wird, um Schäden besonders der Kniegelenke zu vermeiden. Außerdem soll der Sinngehalt der verschiedenen Tänze erfaßt werden, um sie mit dem entsprechenden Ausdruck zu interpretieren. – Adela hat eine Notenschrift entwickelt, mit der die Fußperkussion exakt notiert werden kann.

Seit 1986 leitet sie in Estepona/Málaga das Centro Flamenco, wo sie jeden Sommer internationale Intensivkurse organisiert. Tanzkurse, Gitarrenkurse und Gesangskurse arbeiten miteinander.

Mitarbeit beim Lorca-Abend der Theatergruppe der »Casa de Cultura« (öff. Kulturabteilung), Auftritte übers Ayuntamiento. – 1986 Dozentin für Flamencotanz bei den »Tagen des Tanzes« in Lahr. Workshops und Aufführungen in der BRD, in Spanien und Italien.

Wer den Inhalt dieses Buches »live« ausprobieren und an einem Seminar, Kurs oder Workshop mit Adela teilnehmen möchte, wende sich bitte an:

Flamencostudio Adela
Klingsorstrasse 13
D-12167 Berlin 41

oder:

Centro Flamenco Adela
C. San José, 4
E-29680 Estepona/Málaga

Eine Verbindung von Flamencotanz, Flamencogitarre, Flamencogesang, Palmas, Kastagnetten, Notation findet jährlich im Juli/August in Estepona (Costa del Sol) statt, Tanzkurse zu Ostern und Weihnachten. Weitere Tanzkurse in Berlin und der BRD auf Anfrage.

Im gleichen Verlag ist erschienen:

Bruno Chmel
Das Spiel auf der Flamencogitarre
Ein Lehrwerk für das Solospiel und zur Begleitung
1999, 108 Seiten mit 34 Abbildungen und vielen Musikbeispielen auf einer CD,
Großformat 21 x 30 cm, kartoniert · ISBN 3-7959-0716-0

Am Beginn dieses Lehrwerkes wird mit Unterstützung von Hörbeispielen ein historischer und theoretischer Einstieg in den Musikstil vermittelt. Anschließend folgt die praktische Beschäftigung mit den drei wichtigsten Stilen innerhalb der Flamencomusik: Soleá, Bulería und Siguiriya. Stets wird ein enger Bezug zwischen Theorie und Praxis gewahrt und der Leser und Studierende erhält so die Möglichkeit die Musik für sich nach seinen eigenen Möglichkeiten zusammen mit seinem Instrument zu erarbeiten.

Florian Noetzel Verlag · Ars Musica
Postfach 1443 · 26353 Wilhelmshaven
Fax (0049)-4421-42985 · e-mail florian.noetzel@t-online.de